湖北省社科基金一般项目（后期资助项目）"大学生思想政治理论课获得感研究"（2021109）结题成果

大学生思想政治
理论课获得感研究

—— 张艳丽 著 ——

中国社会科学出版社

图书在版编目（CIP）数据

大学生思想政治理论课获得感研究 / 张艳丽著 . —北京：中国社会科学出版社，2023.8
ISBN 978 - 7 - 5227 - 2175 - 0

Ⅰ.①大…　Ⅱ.①张…　Ⅲ.①大学生—思想政治教育—研究—中国
Ⅳ.①G641

中国国家版本馆 CIP 数据核字（2023）第 120398 号

出 版 人	赵剑英	
责任编辑	田　文	
责任校对	张爱华	
责任印制	王　超	

出　　　版　中国社会科学出版社
社　　　址　北京鼓楼西大街甲 158 号
邮　　　编　100720
网　　　址　http://www.csspw.cn
发 行 部　010 - 84083685
门 市 部　010 - 84029450
经　　　销　新华书店及其他书店

印　　　刷　北京明恒达印务有限公司
装　　　订　廊坊市广阳区广增装订厂
版　　　次　2023 年 8 月第 1 版
印　　　次　2023 年 8 月第 1 次印刷

开　　　本　710×1000　1/16
印　　　张　14
字　　　数　216 千字
定　　　价　75.00 元

凡购买中国社会科学出版社图书，如有质量问题请与本社营销中心联系调换
电话：010 - 84083683

序　言

　　思政课是落实立德树人根本任务的关键课程，也是加强和改进高校思想政治教育工作的灵魂课程。党和国家历来都高度重视建设这门课程，把它提升到培养什么样的人、为谁培养人、怎样培养人的战略高度来抓。特别是进入新时代后，以习近平同志为核心的党中央更加重视思想政治教育工作，在 2019 年 3 月 18 日召开的学校思想政治理论课教师座谈会上，习近平总书记作了重要讲话，全面系统地阐述了新时代思政课建设的重大意义，强调了办好思想政治理论课关键在发挥教师的积极性、主动性和创造性，推动思政课改革创新，增强思政课的思想性、理论性和亲和力、针对性以及加强党对思政课建设的领导等问题，为新时代思政课建设提供了方向指南，将思政课建设放到了实现中华民族伟大复兴的高度来对待。因此，高校思政课教学质量和实际效果备受思政课教师关注。

　　正因为如此，张艳丽副教授著的《大学生思想政治理论课获得感研究》一书，既是她从事高校思政课教学近 20 年的所感所悟，也是她站在为党育人、为国育才高度的所思所行，更是她教书育人，潜心研究，改革创新，追求思政课思想性、理论性和针对性、有效性统一的探索。本书不仅有坚实的实践基础，而且具有较好的理论价值。该书主要有以下特点：

　　第一，全面梳理和界定了相关概念，研究逻辑严密，层次清晰。该书首先以研究思想政治理论课获得感的涵义为逻辑起点，何为获得感？何为思政课获得感？然后，考察当前思政课获得感的现状及其存在的主要问题，分析了当前思政课获得感现状及问题形成的主要原因；最后提出了增强大学生思想政治理论课获得感的路径和方法，最终解决思政课教学"供给侧"不足和"需求侧"动力不够的现实问题。

第二，坚持以马克思主义的辩证唯物主义理论为指导。作者较好地运用马克思主义的基本理论，综合思想政治教育学、教育心理学、接受理论等学科研究成果，以思想政治理论课获得感这一范畴为切入点，从认识论、价值论和实践论三个维度了解和把握大学生思政课获得感。认为大学生思想政治理论课获得感是指大学生从思想政治理论课中获得的个体成长发展需求的满足而产生的积极心理体验，包含有大学生从思想政治理论课教学中获得的理论知识习得的满足感、情感体验的共鸣感、坚定理想信念的充实感和行为习惯养成的成就感。这一结论是在对思想政治理论课教学效果进行系统的历史考察的基础上，通过理论上的逻辑推理和与新时代的分析中抽象概括出来的，避免了在实践中把"思政课获得感"作为一个时髦的词汇加以随意使用的现象，为考察高校思政教学效果的现状及其存在的问题，为进一步深刻分析高校思政课教学效果存在的问题的形成原因并提出有效的提高路径奠定了科学的理论依据。

第三，运用实证研究的方法对大学生思想政治理论课获得感现状进行了调查分析。作者对大学生思想政治理论课获得感现状的成因进行分析后，认为获得感的形成是一个复杂的系统，影响获得感形成的因素众多且关系复杂，要从获得感形成机制的角度分析影响思想政治理论课获得感的因素。从根本上看，大学生思政课获得感中存在的不足和问题，是其课程教学的目标、内容、过程、方法和环境等多方面的原因。当前大学生思政课获得感生成的主要矛盾是需求与供给之间的矛盾，其在教学过程中又表现为多种具体矛盾，对大学生获得感的生成起到了决定、支配的作用。在辩证唯物主义的指导下，分析原因才能有针对性的解决矛盾，推动事物发展变化，从而提升大学生思想政治理论课获得感。

第四，较为系统地论述了大学生思想政治理论课教学的供给侧和需求侧等方面解决问题的途径和方法。除宏观上要把握好思政课的思想性和理论性，发扬思政课教学的优良传统外，重点从微观上分析了思想政治理论课获得提升、思想政治理论课师资队伍建设、新时代思想政治理论课评价指标体系、思政课程与课程思政融合发展等关键问题，对总结思想政治理论课改革中的成就与经验具有重要意义，为进一步深入推动新时代高校思想政治理论课教学体系建设和教师能力提升提供了扎实基础和良好条件。

第五，紧密联系实际，探讨了在"大思政课"背景下提升思想政治理论课获得感的举措。2021年3月6日，习近平总书记提出"'大思政课'我们要善用之"这个重大命题，为推进思想政治理论课改革创新指明了方向。要因地制宜、因时制宜、因材施教，坚持守正创新，全面推动大学生思政课高质量发展，充分彰显思政课在立德树人中的关键作用。作者从教师、学生、课堂教学、平台建设和工作格局五个方面探索提升大学生思政课获得感的有效路径。

该书是张艳丽以她的博士学位论文为蓝本进行认真修改、提炼润色而成的一部学术专著。从理论渊源的探讨、现实政策的把握、辩证逻辑的推理、基本内容的涵盖、途径方法的操作等方面都有较新颖的见解，有一定的创新性。这既是她四年学习和研究的理论结晶，也是她近年来思考大学生思政课教学获得感问题的一个阶段性成果。作为她的导师，我为她取得的丰硕成果由衷地高兴，同时也被她学习目标明确，学习计划清晰，学习态度端正，刻苦勤奋、顽强拼搏的奋斗精神所感动。

在该书出版之际，她特邀我作序，我欣然应允。希望该书的出版在新时代大学生思想政治理论课获得感研究领域里起到抛砖引玉的作用，期盼能够有更多的同行加入这个领域的研究，不断推动大学生思想政治理论课的改革创新，不断提升大学生思想政治理论课的生动性、针对性、实效性和创新性，不断增强大学生思想政治理论课的获得感，力争取得更多更好的优秀成果。同时也希望张艳丽博士再接再厉，百尺竿头更进一步，创造更加美好的未来！

是为序。

何祥林

2022年5月22日

于武汉市桂子山

前　　言

　　高校思想政治理论课是教育部规定的大学生必修课之一，承担着对大学生进行马克思主义理论教育的任务，对大学生成长和发展起着不可或缺的作用。思想政治理论课教学状况如何，教学效果如何，关系到大学生健康成长和发展，关系到中国特色社会主义事业的建设者和接班人的培养质量。新时代，如何进一步加强和改进高校思想政治理论课教学是需要解决的重大而迫切的任务。

　　本研究除绪论外共七章，分为四个部分。第一部分是对大学生思想政治理论课获得感的概念进行界定和生成机制的研究，这是本研究的逻辑起点，包括本书的前三章。第一章大学生思想政治理论课获得感的内涵界定和第二章大学生思想政治理论课获得感的维度和特性，从获得感的提出开始，层层递进地提出获得感的涵义再到思想政治理论课获得感的涵义。在对大学生思想政治理论课获得感进行字面意义理解的基础上，结合新时代背景，本书认为大学生思想政治理论课获得感是指大学生从思想政治理论课中获得的个体成长发展需求的满足而产生的积极心理体验，包含有大学生从思想政治理论课教学中获得的理论知识习得的满足感、情感体验的共鸣感、坚定理想信念的充实感和行为习惯养成的成就感。并通过与思想政治教育获得感、思想政治理论课实效性和思想政治理论课满意度等相关概念的比较来进一步全面深刻理解其本质内涵与特征。本书的第三章在分析思想政治理论课获得感的基本要素的基础上，分析思想政治理论课获得感的生成过程与内、外部机制，认为大学生需要是获得感生成的前提，参与是关键，满足是基础，大学生的认同则是获得感生成的主旨。

第二部分是对当前大学生思想政治理论课获得感现状的调查与分析，包括本书的第四、五章。第四章是大学生思想政治理论课获得感现状的调查。这部分是从大学生思想政治理论课获得感的涵义出发，科学编制调查问卷并组织实施调查，对东部、中部、西部各个层次的高校1100多名学生进行问卷调查，从第一手的资料中系统分析当前大学生思想政治理论课获得感现状，认为当前大学生思想政治理论课获得感整体状况不错，绝大多数学生对思想政治理论课有获得感，对课程和教师具有比较高的认可度，但是还呈现不平衡、不充分、不稳定及低效能等问题。第五章则着重分析大学生思想政治理论课获得感现状的形成原因。结合本书对思想政治理论课获得感生成机制的研究，动态分析大学生思想政治理论课获得感现状的多方影响因素，认为高校思想政治理论课课程建设和教学供给的不充分与不平衡以及大学生主体需求发展的不充分和不平衡是主要原因。

第三部分为本研究的落脚点，增强大学生思想政治理论课获得感的路径。本书分析各影响因素对大学生思想政治理论课获得感的影响程度是为了找到一个最有效地增强大学生获得感的途径。有针对性地提出了把建设一支高素质的思想政治理论课教师队伍作为关键，以高水准教材为遵循，以高水平教学资源为支撑，以高质量示范课堂为抓手，以高效率工作机制为保障，以建设学生"真心喜爱、终身受益"为目标，深入掌握学生需求、拓宽思想政治理论课改革思路、强化师资、加强教材建设、创新教法、完善机制、营造良好环境等具体措施，全面提升思想政治理论课质量和水平，从而提升大学生思想政治理论课获得感。

第七章为"大思政课"背景下的大学生思想政治理论课获得感研究。"大思政课"对思想政治理论课建设指明了方向并提出了要求，最后一个部分将分析"大思政课"的内涵与意义，并从教师、学生、课堂教学、平台建设和工作格局五个方面探索提升思政课获得感的路径。

目　　录

绪　　论

无论对哪个民族或国家来讲，青年都是未来的希望，国家富强民族振兴的希望。高校正是在培养国家和民族的未来。在我国，高校同样使命重大，肩负着培养社会主义事业合格建设者和可靠接班人的重大使命。我国高校开设思想政治理论课则是高校实现这一重大历史使命的主渠道。思想政治理论课是我国高校社会主义办学方向的重要阵地，责任重大，而这样一门受到高度重视的必修课程到底教学质量如何，教育效果如何呢？这是党和人民都关心的问题，结合当前形势，对于大学生思想政治理论课获得感的研究则是对这一关切点的回答。

一　研究的缘起

（一）研究的缘起

1. 源于思想政治理论课教师教学实践的探索

在从事大学生思想政治教育工作近 20 年以及任高校思想政治理论课专职教师 8 年的时间里，无论是对个人发展需要的思考，还是在参与思想政治理论课课程建设时，有一些问题不可避免地需要深入思考找到答案。"思想政治理论课教师的价值在哪里体现？""高校思想政治理论课老师的成就感和获得感在哪里？"无论是在自身工作的高校参加的各种教研活动，还是在全省甚至全国性的高校思想政治理论课课程相关的研讨会、交流会上，都会听到、看到、相似的话语和场景，那就是高校思想政治理论课教师付出了诸多努力，作出了不少成绩，然而也经常会有"都是天涯同路人"的感觉，很多高校的思想政治理论课所面临的共性的困局，比如思想政治理论课教师教学工作量大，科研任务压力大；比如思想政治理论课教师在校外对于思想政治理论课教师的身份认同感低，有些时候羞于将"我是思想政治理论课教师"说出口；比如学生并不重视思想政治理论课。所以在心中一次一次地追问从事高校思想政治理论课教育工作对教育、对高校、对社会有什么价值吗？所做的工作被认可吗？值得作为终生的事业去追求吗？高校思想政治理论课获得感的课题提出，正是本书为这些问题的答案提供的一个新思路。

2. 源于思想政治理论课与大学生成长发展的关系的思考

一切教育都是为了人，坚持立德树人是学校教育的根本任务。毋庸置疑，在中国高校思想政治理论课是非常重要的，它是中国所有高等学校都必须开设的一组课程，也是党中央高度重视的课程，从思想政治理论课的发展历程就可以强烈地感受到党和国家对它的重视。我们从价值主体维度来看思想政治理论课课程价值，包括满足社会需要与学生需要两个方面。为满足社会需要，高校思想政治理论课的课程目标，必须体现建设有中国特色社会主义经济、政治、文化、社会、生态等的要求，达到立德树人的根本任务，能培养出综合素质过硬、为中国特色社会主义事业建设贡献力量的合格建设者和可靠接班人。有如此高的"规格"，自然引起人们对它的关注。人们关注的点不仅仅停留在课程的重要性上，更多的是在课程的教学质量和效果上。从满足社会需要来看，投入了大量的人力、物力、财力和时间，高校思想政治理论课到底效果如何，对社会主义事业的建设者和接班人培养的质量如何？从满足学生成长发展的需求和期待的角度来看，大学生从思想政治理论课的教学中获得了哪些需要的满足呢？满足的程度如何？诸多思考一直围绕着高校思想政治理论课课程建设。对大学生思想政治理论课获得感进行科学的研究，可以从一个新的视角揭示高校思想政治理论课程的价值是否实现，深刻揭示其对促进大学生成长发展的价值。

3. 源于"获得感"命题提出的机缘

当前对大学高校思想政治理论课教学评价、思想政治理论课教学效果等的研究非常多，从不同角度、不同主体、不同环节对高校思想政治理论课作出全面的科学的公正的评价,一直是思想政治理论课研究关注的热点和焦点问题。在习近平总书记提出"获得感"这一命题的时候,相关学者很敏锐地关注到了这一提法,并迅速将其引入到大学生思想政治教育及思想政治理论课程研究中。中国特色社会主义进入新时代,这一时代底色不但是大学生思想政治理论课教学的重要内容,也是开展思想政治理论课教学的根本依据。习近平总书记提出的"获得感"的命题,不仅是对社会经济改革领域的新要求和评价标准,在高校思想政治理论课教学研究中引入"获得感"一词也直面了高校思想政治教育和思想政治理论课教学实践中存在的问题,切中了思想政治理论课教学改革工作的靶心。显而易见,大学生思想政治理论课获得感成为了近年来研究的热点问题。笔者在知网上以"思想政治理论课获得感"为主题词搜索,发现自 2017 年至 2019 年年中相关研究增长态势迅猛。由于教学科研工作的需要,对这个问题非常感兴趣。

(二) 研究意义

1. 理论意义

首先,大学生思想政治理论课获得感研究有助于拓展高等学校思想政治理论课教学改革的研究视域。在世界各国现代化的历史进程中,国家政治经济的变革必然会导致其社会关系、意识形态的改变,从我国历史发展来看,作为社会主义事业建设者和接班人的大学生的思想政治教育,一向是国家关注的焦点。自 1949 年新中国成立以来,党和国家就一直在探索高校思想政治理论课建设经验,包括课程的目标要求、内容范畴、实施方案、评价标准,等等。在改革开放之后,又经历了"85方案""98 方案""05 方案"三个阶段,课程体系不断完善。思想政治理论课教学改革,不断取得新成果。尽管这些不断更新的课程新方案日趋完善,但从当前学界、媒体、学生、大众、教育部等各界对思想政治理论课反应来看,褒贬不一,对思想政治理论课教学改革效果评价并不一致。那么作为最顶端理论家所设想的思想政治理论课与另一端大学生所体验的思想政治理论课之间有着较大的落差,正是看到不同群体对当前大学生思想政治理论课的不同理解和诠释,现在对思想政治理论课教学研究的关注非常之多。这门课程就其本身来说是为育人而设置的，无论这门课程是出于国家、社会组织、教师、家长或者其他任意外部利益者的哪一种目的，最终都是要使学生通过对课程的学习成为社会主义事业的合格建设者和接班人。而学生对思想政治理论课程到底有多少获得感，则是对这一问题的回答，学生对此最有发言权。在新时代的底色上，在关注人民群众的"获得感"的视线中，对大学生思想政治理论课获得感的研究拓展了高校思想政治理论课教学改革的研究视域。

其次，对大学生思想政治理论课获得感的研究还有助于探索高校思想政治理论课教育教学规律的研究。当前加强和改进大学生思想政治教育，是一项重大而紧迫的任务，而高校思想政治理论课是大学生思想政治教育的主渠道，在高校思想政治理论课教育教学的过程中，怎样将学生所学的马克思主义立场观点方法用于分析和解决实际问题，能够"内化于心，外化于行"，怎样让学生真学、真懂、真信、真用，则是进一步加强和改进思想政治理论课的教学的一项重大和紧迫的任务。对思想政治理论课获得感的研究，正是要转变一种教育教学活动的理念，即以大学生主体作为研究的对象，从"学"的实践活动研究出发，正是对以人为本理论的响应，也是对人全面发展的理论研究。大学生思想政治理论课获得感的引入可以从大学生这一主体的角度更加深入地研究进一步加强和改进思想政治理论课教学的思路和途径，真正让大学生更主动更有效地参与思想政治理论课教学活动。基于大学生思想政治理论课获得感的思想政治理论课教学改革的理论与实践的研究，可以更准确地把握思想政治理论课的教学规律，从而进一步推动高校思想政治理论课教学纵向更加深入、横向更加广泛的全面而深刻的改革实践。

2. 学科建设的意义

马克思主义理论一级学科建设与思想政治教育和思想政治理论课建设之间存在着密切的联系，学科与课程的建设、两个建设的队伍已经是一个密不可分的整体了。

一方面，我们要看马克思主义理论一级学科建设对思想政治理论课提供的强有力的学科支撑，它既给思想政治理论课教师队伍提供科研和教学的学科平台，又能为思想政治理论课教育教学活动提供有力的学理支撑，保证思想政治理论课教学的科学性和理论性。目前，我国高校思想政治理论课教师队伍建设不仅面临着数量增加的需要，更有保证思想政治理论课教师的"质"，即对教师马克思主义理论的学习、研究、宣传和发展的能力要求。绝大部分高校思想政治理论课教师以马克思主义理论学科为自己的学术研究领域。学科建设能够为高校教师提供提高自己的理论素养和科研能力的平台，使思想政治理论课教师能承担起"一身二任、一岗双能"的责任。深入研究马克思主义理论，不断与时俱进，深入研究如何用马克思主义解决当代中国发展中的重大问题，解决与教师关注的社会热点和个人研究方向问题，深入研究思想政治理论课教学中的重点难点问题，为广大思想政治理论课教师学术研究提供坚实的平台基础。思想政治理论课教师队伍对马克思主义理论学科建设的贡献又能保证思想政治理论课的科学性和理论性，且与社会热点和教学实践结合更加紧密，从而更有效地提升思想政治理论课的可获得性。

另一方面，我们也要看到对思想政治理论课获得感的研究反过来促进马克思主义理论一级学科的发展。高校思想政治理论课建设中存在的问题一定程度上也会反映或是折射在学科建设上，课程建设上的有益尝试和探索也是在不断拓宽学科建设的领域，是对学科建设的丰富和发展。在思想政治理论课课程建设的实践中，课程建设者既是思想政治理论课教师也是马克思主义的研究者，教学实践对其学术研究也起到一个相互影响相互支撑的作用。思想政治理论课课程建设一方面得到学科建设的支撑，另一方面也会为学科发展服务，贡献出自己的力量。因此，重视思想政治理论课课程建设，推动思想政治理论课课程建设，提升思想政治理论课质量，增强思想政治理论课的效果也是马克思主义理论一级学科建设的内容和成就的重要构成。研究大学生思想政治理论课获得感，能够有效提高思想政治理论课的实效性，而思想政治理论课的实效性则是关系到马克思主义理论一级学科建设可持续发展的重要因素，通过提高高校思想政治理论课的实效性，为推进马克思主义理论学科建设提供依据。思想政治理论课的成效是马克思主义理论一级学科建设成效的重要体现。从投入和产出的效率来看，思想政治理论课教育教学的投入是相当大的，这就要求课程建设上有相应的产出和效益，即培养出符合目标的受教育者，学生对思想政治理论课产生了获得感，课程教学目标得到实现。只有培养出了更多更优秀的人才，才能促进马克思主义理论学科的蓬勃发展，而学科的蓬勃发展需要更多人力物力的投入，才能使高校思想政治理论课教学有更好效果。这是一个相互促进相得益彰的良性循环。从科学研究的目的与要求来看，无论是课程建设还是学科建设都是坚持问题导向的，都要从问题出发，认识问题和解决问题。马克思主义理论学科建设就是解释和解决我国社会发展与人的发展中的问题，那么高校思想政治理论课课程建设所面对的问题实际上是这些问题的折射和缩影，在课堂上引导学生如何用科学的理论和方法认识和分析问题，在走出校园以后，他们将会为解决社会发展中的问题而贡献力量。两者必须互相支持，通过理论上解释和解决现实问题来提升思想政治理论课教学的理论性和科学性，在课程教学上使学生正确认识现实问题。

3. 现实意义

首先，大学生思想政治理论课获得感研究是思想政治理论课教学改革的必然选择。高校思想政治理论课对于高校实现"立德树人"根本目标的重要意义是毋庸置疑的，对高校思想政治理论课也给予高度的重视和支持。在新中国成立以来，党和人民对高校思想政治教育都非常重视。当前对我国高校思想政治理论课效果的评价不一，除了评价指标体系的原因外，思想政治理论课本身也确实存在一些问题。从思想政治理论课"教"的角度看，首当其冲的是"教什么"。高校思想政治理论课与中小学的思想政治理论课出现重复内容，即使是大学阶段开设的五门思想政治理论课之间也存在重复，学生反复学习某些内容。学生拿到的教材无法激发学习动力，书本上的内容与社会现实存在着差距。一些学生对思想政治理论课的认识和理解出现偏差，认为大学的思想政治理论课就是政治课，是空洞的说教。

而后是"怎么教"，在教学方法上有着非常多的有益的尝试，是进一步加强和改进高校思想政治理论课教学的基础，但是，不可否认的是在教学方法的改革创新上存在着重形式、轻效果，为了"改革"而改革的现象。思想政治理论课课堂上很热闹，出现为了避免教师唱独角戏式的满堂灌而让学生讲课，而不去关注课程内容适不适合学生讲，学生愿不愿意讲；为了运用高新科技与思想政治理论课相结合而去上线开放课程，而不去关注线上学习条件是否成熟等现象。

还有"谁来教"的问题，当然目前各个高校思想政治理论课教师普遍不足，无论是专职还是兼职教师都还不能满足目前制定的师生比例规定，所以目前专职教师高负荷运转是常态。从大学生"学"的角度看，"我要学"和"要我学"是两种截然不同的学习态度，目前大部分学生对学习思想政治理论课还处于"要我学"的状态，那么在"出勤率""抬头率""点头率"上如何达到教师和人民的期望呢？如何能在改进中加强思想政治理论课教学，思想政治理论课也只能不断深化自身的"供给侧"改革，只有真正明确了"为谁培养人""培养什么样的人"这一方向性的问题，才能做好"如何培养人"的工作的加强和改进。对于思想政治理论课的改革依然有许多改进维度，需要我们去思考和探索。从这个意义上讲，从"围绕学生、关照学生、服务学生"的新视角，着眼"因事而化、因时而进、因势而新"的新要求，提升学生课堂听课"获得感"的思路就是以此类问题为导向，以人为本，为切实提升高校思想政治理论课教学质量提供了新的思路。

其次，大学生思想政治理论课获得感研究是关注大学生全面发展的需要。习近平总书记在 2016 年 12 月召开的全国高校思想政治工作会议上强调了思想政治理论课的重要意义，并对思想政治理论课改革提出了"在改进中加强，提升思想政治教育亲和力和针对性，满足学生成长发展需求和期待"的要求。此后，2017 年教育部启动了高校思想政治理论课教学质量年专项工作，这是对 2016 年年底高校思想政治工作会议精神的积极响应，专项工作针对如何提升思想政治理论课教学亲和力的问题并针对性提出了更加细化和富有操作性的工作安排，通过"大调研、大提升、大格局"，切实增强大学生思想政治理论课获得感。对大学生获得感的研究首先要了解大学生的思想现状。

党和人民都期望广大青年学生要有坚定的理想信念，要有舍我其谁的责任担当，要有脚踏实地的实干精神。高校思想政治理论课责任重大，地位特殊，它巩固了马克思主义在高校意识形态领域的指导地位，坚持社会主义办学方向，培养了中国特色社会主义事业合格建设者和可靠接班人，是落实立德树人根本任务的主干渠道，是进行社会主义核心价值观教育、帮助大学生树立正确世界观、人生观、价值观的核心课程。办好思想政治理论课，事关意识形态工作大局，事关中国特色社会主义事业后继有人，事关实现中华民族伟大复兴的中国梦，必须始终摆在突出位置，持之以恒、常抓不懈。① 我国社会主义建设已经进入了新时代，在新时代，对思想政治理论课的建设和教学改革也应该要与时俱进，对思想政治理论课研究应该确立新的视角，并对思想政治理论课评价作出新的回应，不断提升思想政治理论课教学质量。思想政治理论课获得感的研究正是从大学生的内在需要来进行探讨，以大学生主体作为研究的出发点，是对"以人为本"的理论回应，也是对学生全面发展需求的回应，即对课程建设和改革确立新的视角，又为课程建设和学科建设的丰富和发展作出了共享。思想政治理论课获得感的引入可探索怎样才能让大学生更好地对思想政治理论课进行主动积极有效的学习，产生实实在在的获得，是对立德树人根本任务的实现作出的最为直接的贡献，满足人的全面发展的需求是教学改革的根本，明确思想政治理论课改革的出发点和落脚点都是学生的全面发展。

再次，大学生思想政治理论课获得感研究可以进一步拓宽思想政治理论课教学方法创新的思路。教学方法创新要始终为教学质量和教学效果的提升而服务，为"立德树人"服务。当前高校思想政治理论课教学方法改革在实践中有多种尝试和探索，也产生了不少效果好且具有推广价值的教学方法创新。比如，将思想政治理论课教学内容从教材体系向教学体系转化。当前在教学实践上广泛采用的专题教学法

---

①　中宣部、教育部：《关于印发〈普通高校思想政治理论课建设体系创新计划〉的通知》（教社科〔2015〕2 号）。

就是一个很好的尝试。专题教学法的设计就是出于对学生关注点的思考，有针对性地解决学生关注的各种热点难点。从学生的实际需求出发，对授课的思想政治理论课教师提出了更高的要求，它要求教师在熟悉教材内容的基础上对教学内容进行重新的规划和设计。还有最近很流行的对分课堂、翻转课堂等，都是此类有益的探索。基于学生获得感的思想政治理论课教学改革是以新的视角和逻辑进行，因此将产生更多的创新成果。

最后，大学生思想政治理论课获得感研究是立体评价高校思想政治理论课价值的需要。科学全面的评价是进一步加强和改进高等学校思想政治理论课建设的重要内容和途径，如何客观全面评价思想政治理论课建设的效果，一直是一个备受关注和争议的问题。而对大学生思想政治理论课获得感的研究是对思想政治理论课评价体系的丰富和发展，在评价主体、评价内容、评价思路上都有重要突破，使得思想政治理论课评价体系更加立体更加完善。

二 相关研究综述

（一）关于获得感的研究综述

在 2015 年 2 月，习近平总书记在主持召开深化改革领导小组的讲话中第一次提到了获得感，讲到改革要让人民群众有获得感，他在讲话中强调改革要处理好两个"一公里"的关系，要显示出改革方案的含金量，要让改革的措施得到人民群众的认可。2016 年习近平总书记在提出改革的评价新标准时，再次提到这个获得感，并且将人民群众的获得感作为评价改革成效的标准。在其他一些场合，针对各个领域的各项工作，习近平总书记也常用"获得感"一词，"获得感"迅速成为热点词汇，关于获得感的研究也涌现出来。在中国 CNKI 知识资源总库中，以"获得感"为主题检索，可得 2200 余篇成果，发表时间集中在 2015 年 7 月至 2018 年 12 月。虽然近几年来国内与"获得感"问题有关的研究与评论不在少数，但梳理相关文献发现，相当多的报刊文章是在获得感理念下的现象重释或政策宣讲，主要与"幸福感""改革""民生"等主题相关。

1. 对获得感内涵的解释

第一，从词根词源角度解释"获得感"。有学者从词语的文法构成分析，认为"获得感"有"获得"加"感"组成，感源于获得，感是落脚点。获得包括物质层面的获得还包括精神层面的获得，获得感是由两个方面的获得而产生的可以持续的长久的满足感。

第二，从相似词汇的比较中解释"获得感"。有学者将获得感与国内外已经研究比较成熟的"幸福感"等词汇相比较，在社会治理层面来理解获得感与现有词汇的区别，认为"获得感"在评价主体、评价内容与评价标准上与"幸福感""主观生活质量"等现有概念有一定的不同。在中国现实中提出的"获得感"比幸福感更具象，是更有可衡量性的指标。就我国目前来说，"获得感"多指人民群众共享改革成果的幸福指数，而幸福指数可以通过许多具体方面表现出来。获得感是一种实在的得到，相比于幸福感，它更加务实并且更加贴近现实需要。

第三，从获得感提出的背景和意义出发解释"获得感"。有学者指出"获得感"提出的时代背景是要突出人民共享改革发展红利的公平性。在"民生"和"公平"的导向下，强调全民的获得感，消除弱势群体的"被剥夺感"。

第四，从哲学角度探讨"获得感"。有学者探讨"获得感"的机制意蕴，认为获得感是人的价值性存在，将"获得感"定位于一种"抽象获得"，一种使人之为人的平等、尊严、价值实现等积极的价值显现。

第五，从文明的角度解释"获得感"。有学者认为"获得感"在不同文明视域下有不同层次的内涵。在物质文明、精神文明、政治文明和生态文明视域下获得感就有以下四个层次的内容：公民共享发展成果，公民有成就感并对未来有信心，权力平等、机会公平、规则公正、政府高效，公民在生态享受、生态保护和生态权利中的获得感。"获得感"是具体的，历史的。①

---

① 张勋祥：《文明视域下的获得感》，《山西日报》2015 年 7 月 14 日第 C03 版。

2. 以实践的视角探析获得感

学者们认为，获得感源于群众的参与。他们认为人民的获得感需要在实践上的参与取得，在广泛、深入的参与中共享改革发展的红利，强调需要人民群众参与改革发展实践，"参与"越广泛，获得感越强，将获得感与参与感紧密联系在一起。

3. 基于"五大发展理念"对获得感的进一步探究

当前还有一些结合"新发展理念"对获得感进行的研究。有的学者认为"新发展理念"中共享的理念正是以增强人民的获得感为根本目标的。共享理念和获得感的提出都是时代的产物，符合人民群众根本的利益需求，以增强人民获得感为坚持共享理念的根本目标，正是通过坚持共享，让广大人民群众能够公正平等地享有改革发展的红利。

还有学者认为获得感是对发展理念实践结果的评价标准。我们在社会经济发展中坚持"新发展理念"，可以将人民群众有没有、有多强的获得感作为评价新发展理念实践结果的标准。

还有学者围绕着发展理念特别是共享理念与获得感的关系展开研究，认为获得感是对共享理念的反映。获得感的主体是人民群众，而共享发展就是要人人建设、人人享有，获得感的提出就是强调人民的利益，消除人民群众的"失落感"，获得感正是对共享理念的反映，是中国共产党全心全意为人民服务的根本宗旨的表现。

（二）关于高校思想政治理论课实效性与质量评价的研究综述

本研究充分占有相关文献资料并借鉴前人的研究成果，这样可以启发研究思路，并加以借鉴，努力突破创新。思想政治理论课获得感研究还可以充分借鉴授课实效性的研究成果和质量评价的研究成果。对思想政治理论课教学实效性和思想政治理论课质量评价相关的研究成果梳理如下：

1. 对思想政治理论课实效性的研究

第一，关于思想政治理论课教学实效性现状的研究综述。

目前学界对思想政治理论课教学实效性的研究非常丰富，可以搜索出大量文献资料，教学的实效性是思想政治理论课教学研究的主要方向之一。在中国知网上以"思想政治理论课+实效性现状"为主题词进行搜索，从2009年以来可搜索出文献65篇。从研究内容上看，对思想政治理论课教学实效性现状的研究主要是采取实证研究的方式，此类研究多是对某地、某校甚至是某课程的教学状况进行问卷调查，地域涉及北京、山东、江西、广东、湖南、浙江、重庆、武汉、南京等全国多个省市，涉及各个层次的院校。对思想政治理论课教学实效性现状所调查研究的内容也非常丰富，有的文章研究思想政治理论课教学时效性的整体情况，有的研究某类高校、某门特定课程的教学实效性。从对思想政治理论课教学实效性现状的研究结果上看，目前思想政治理论课教学实效性整体情况较好，大学生对思想政治理论课教学效果给予了较高的评价，但思想政治理论课教学的实效性还有待进一步提高。另外，不同地域、不同层次高校和不同专业学生学习思想政治理论课的实效性有差异。当前思想政治理论课教学实效性的研究存在的主要问题是研究比较零散，重复，对现状的研究还是对某一地一校的现状研究，缺乏整体性。

第二，关于思想政治理论课教学实效性问题的成因研究综述。

目前学界认为，造成思想政治理论课教学实效性问题的原因既有外部社会环境、高校教学管理等方面的原因，也有思想政治理论课自身的教学理念、教学内容和教学方法手段等方面的原因。从思想政治理论课教学的外部环境和因素看，一些学者认为国内外存在着的一些思潮和消极认识影响了思想政治理论课的教学实效性，降低了大学生学习思想政治理论课的兴趣，从而影响了学习行为。他们认为当前国际国内社会环境在经济全球化、文化多元化、价值取向多样化交错发展的情况下，增加了思想政治理论课教学的难度，思想政治理论课要在有限的教学时间和场域中与社会环境中反作用力的因素争夺大学生，面临着极大的挑战。有学者认为即使在高校中，思想政治理论课教学面临的环境也不太乐观，认为思想政治理论课教学缺乏系统性的有效应对思想政治理论课教学特殊性和复杂性的管理制度和方法，造成了教学实效性不足。从思想政治理论课教学自身找到的影响素质课教学实效性的因素也很多，包括教学主体、教学内容、教学对象、教学方法、教学环节，等等。在教育主体方面，有学者认为影响思想政治理论课教学实效性的关键因素是思想政治理论课教师。部分思想政治理论课教师的综合素质没有达到要求，教学理念上"固步自封"，不能与时俱进，教学理念陈旧，在教学活动中就不能提高教学的针对性和亲和力，不能取得较高的教学实效性。在教学内容上，思想政治理论课教学内容与大学生生活联系不紧密，学生认为思想政治理论课教学与实际生活有较大差距，理论不能解释现实，影响了教学效果。在大学生主体方面，大学生因受到外部环境影响和自身发展水平不一致性，产生了对思想政治理论课教学的不全面不正确的认识，影响了学生学习兴趣。从教学方法上看，教学方法创新不足，针对性不强，使得思想政治理论课教学实效性的整体提升有难度。教学方法改革的目的和初衷不能完全坚持，教学方法虽然改革尝试很多，但形成具有推广价值的教学方法有难度。

学界对造成高校思想政治理论课教学实效性现状成因的研究主要从宏观与微观两个大的角度入手。宏观上从思想政治理论课的管理机制、制度安排、师资队伍建设等方面进行，微观上从课堂教学内容、教学方法、教学环节、教学评价等方面进行。当前的相关研究大都从某一个方面分析实效性成因，比较缺乏的是从整体入手系统性地分析思想政治理论课实效性不足的根本原因。而现实是思想政治理论课教学实效性问题形成的原因绝不是教学方法或教学内容，教育者或是受教育者单一方面的原因造成的，因此从思想政治理论课教学的整体角度系统性地分析才能找到思想政治理论课实效性相关问题的根本原因。

第三，关于提高思想政治理论课教学实效性对策的研究综述。

对策研究是对思想政治理论课教学实效性研究的落脚点，是关于思想政治理论课教学实效性研究的核心内容。逻辑上来讲，对策的提出都是根据原因分析的结果而产生的。如前所述，目前学界对思想政治理论课实效性的影响原因的分析既有宏观角度的分析，也有微观角度的分析，因此针对宏观和微观角度的成因，提出了相应的对策。具体来讲，就是针对宏观上外部环境的影响，学者们认为必须改善社会环境，营造良好的社会氛围，社会、家庭、学校多个环境形成良好的同向的有利于大学生思想政治教育的条件。利用互联网技术、媒体舆论宣传、社会实践等各种载体巩固思想政治理论课教学的成效。切实落实国家相关部门对思想政治理论课建设的相关举措，确保思想政治理论课建设的制度保障和机制建设。如有学者要增加对思想政治理论课教学的资金投入，在职称评定、评优评先中有对思想政治理论课教师的特殊制度，保障思想政治理论课教师能更多地在教学研究上投入时间和精力。在微观上，有学者从更新思想政治理论课的教学理念、创新教学方法和手段、加强师资队伍建设等方面提出了增强思想政治理论课教学的实效性的多种改革措施。教学理念上，教师要以"三贴近"为原则选择教学内容和教学方式、方法，尊重学生的主体性，调动学生学习的积极性等。教学方法上尝试提出了诸如对话模式、启发式教学模式、研究性学习教学模式、案例教学模式、网络教学模式、专题教学模式、实践活动教学模式等有益的实践探索和经验总结。

当前学界对提高思想政治理论课教学实效性的对策研究主要集中在教学实践中教学方法的改革和创新上。

2. 关于思想政治理论课质量评价的研究

思想政治理论课的教学质量评价是确保思想政治理论课在高校"立德树人"根本任务中作用的实现，教学质量评价不仅是课程建设中的重要内容，也是进行教学改革创新的重要环节，既是对已有教学活动的评价，又是对下一步改进教学的指引。"05方案"实施以来，学界对思想政治理论课教学质量评价的研究成果非常丰富，主要有关于评价主体与客体、评价标准和内容、评价形式与方法等方面的研究。

第一，关于评价主体与客体的研究。

思想政治理论课教学质量评价主体实际上就是"谁来评价"的问题，评价客体是相对于评价主体而言的，是"评价什么"的问题。近年来，随着高校思想政治理论课教学研究的深入发展，确立思想政治理论课教学质量评价主客体成为亟待解决的问题。有学者认为思想政治理论课教学评价主体应该包括多个主体，包括教育管理者、教育者、受教育者等，而评价客体包括思想政治理论课、思想政治理论课教师、教学过程和教学效果等。总的来讲，目前学术界对教学质量评价主客体的界定分歧比较大，也没有形成比较权威的统一认识，但是已经形成了评价主体多元化的共识，因为可以肯定的是单一的评价主体是无法也不可能客观、公正、全面地对思想政治理论课的教学质量进行评价的。

第二，关于评价标准和内容的研究。

因为对思想政治理论课的评价标准应该是由评价主体根据价值主体的需要来确定。根据不同需要，有的学者从教学实效性角度出发、有的学者从教学质量的角度出发，确定的评价标准也不一样，有的学者从知识、能力、品德培养方面进行评价，也有学者提出从教学指导思想、教学态度、教学方法、教学效果等方面进行评价。目前，关于评价指标体系的研究并未形成公认的、比较规范、科学的评价指标体系。

第三，关于评价形式与方法的研究。

目前，无论评价主体与评价标准如何，对思想政治理论课教学的评价是客观存在的现象，也是课程建设发展必不可少的重要环节。学者们对如何进行思想政治理论课教学质量评价的方式方法上形成的初步共识就是，无论是量化评价还是质性评价，过程评价还是结果评价，他人评价还是自我评价等方法都有各自的利弊，要看评价的方法是否与教学活动相契合，不同的评价方法对同一教学活动可能会有不同的评价结果。评价的形式和方法也是"百花齐放"，各有特色，针对不同的教学内容、教学对象、教学方式等应优化选取更全面的复合的评价方法。

思想政治理论课获得感是评价思想政治理论课效果的重要评价指标，因此学界对于思想政治理论课实效性与思想政治理论课质量评价的研究对本书的研究有极大的启示和借鉴意义，当前学界取得的研究成果与存在的不足，在本书的研究中都将得到充分重视和思考。

（三）关于大学生思想政治理论课获得感的研究综述

在中国 CNKI 知识资源总库中，笔者分别以本书研究的关键词"思想政治理论课"和"思想政治理论课 + 获得感"为主题词检索得到相关记录，在百余篇文章中集聚了当前学者对大学生思想政治理论课获得感研究的代表性成果（见表0－1）。

表0－1   基于中国知网CNKI的论文统计表

主题词	时间	文献发表形式	篇数	发表报刊
思想政治理论课	2015—2019年	期刊论文	117	其中核心与CSSCI共42篇，多见于《思想理论教育导刊》《思想理论教育》等刊物
		博、硕士学位论文	1	郑州大学，2017 社会主义核心价值观生活化研究
		会议论文	0	
		报纸文章	2	《中国社会科学报》《安徽日报》
思想政治理论课＋获得感	2015—2019年	期刊论文	78	其中核心与CSSCI共17篇，多见于《思想理论教育导刊》《思想理论教育》等刊物
		博、硕士学位论文	0	
		会议论文	0	
		报纸文章	7	《人民日报》

1. 思想政治理论课获得感内涵的研究

对思想政治理论课获得感的界定是相关研究的理论前提，梳理当前学者对思想政治理论课获得感内涵的界定，主要观点可归为两大类。

第一类认为思想政治理论课获得感是实际增益和主观受益的统称。思想政治理论课获得感，主要指全体大学生也包括思想政治理论课教师，通过单独的或系统的思想政治理论课的教与学，取得知识论层面的、价值观层面的和方法论层面的实际增益和主观受益的统称。①

————————

① 姚迎春、杨业华：《论思想政治理论课获得感的内涵》，《湖北社会科学》2018年第4期。

这一类界定更强调获得感较之于幸福感的客观性，更强调大学生的实际获得，包括主观和客观的受益。

　　第二类是当前最为常见的一类，认为思想政治理论课获得感是一种心理主观感受。这一类的界定，虽然同样认为思想政治理论课获得感是一种主观感受，但认为心理感受的获得来源不同。具体来讲，一种观点认为大学生思想政治理论课获得感就是大学生对思想政治理论课的获得而产生的满足感，将获得感等同于满足感。一种观点认为思想政治理论课获得感是由学生的需求获得满足而产生的心理感受。如房广顺等认为思想政治理论课的获得感是指思想政治理论课在满足大学生现实的或潜在的发展需求和期待后，因"获得"而产生的正向的、持续的、实实在在的心理感受。① 一种观点认为获得感是源于思想政治理论课与学生精神的契合，如彭伟认为大学生对思想政治理论课的获得感，是大学生从思想政治理论课教学供给与其心理和精神需求之间的有效契合中，所体悟到的满足感和积极心理体验。② 一种观点认为获得感是一种因"得到"而产生的喜悦的情绪，如李强等认为思想政治理论课的学生获得感就是通过思想政治理论课程产品，使学生在物质和精神层面被满足后而产生的一种"得到"的欣喜情绪体验。③ 还有一种观点认为大学生对思想政治理论课的获得感是大学生对思想政治理论课在其成长发展中所发挥的客观作用的性质、广度和深度的主观感受。④ 这种界定更强调获得感的评价功能。

　　当前对思想政治理论课获得感的界定，还没有形成共识，更多的学者和思想政治理论课一线教师，依然将思想政治理论课获得感当作

　　① 房广顺、李鸿凯：《以大学生获得感为核心提升思想政治理论课教学质量》，《思想理论教育》2018年第2期。

　　② 彭伟：《改革教学供给　增强思想政治理论课获得感》，《中国社会科学报》2017年12月27日第8版。

　　③ 李强、于璇、叶欢：《从获得感角度来看高职思想政治理论课实效性》，《改革与开放》2017年第24期。

　　④ 王强：《增强大学生对思想政治理论课获得感的措施》，《高教学刊》2017年第23期。

一个新时代产生的热门词汇在使用。

2. 思想政治理论课获得感现状的研究

对大学生思想政治理论课获得感现状的研究具有非常重要的现实意义，是目前很多学者着眼研究的方向。明确当前思想政治理论课获得感的真实状况是怎样的，存在哪些问题，找出影响因素，才能明确提升思想政治理论课获得感努力的方向。在提出增强大学生思想政治理论课获得感后，有学者对思想政治理论课获得感进行实证研究，主要有以下观点。

有学者从大学生思想政治理论课获得感的内涵，包含获得的目标、内容、方式和效果等方面出发，从认知度、认同度、吸引力、感染力以及参与度五个层面构建获得感的层次维度，开展大学生对思想政治理论课获得感的现状调查。调查结果显示，大学生对思想政治理论课课程价值、课程内容以及教师个人等方面的认知度和认同度较高，但对思想政治理论课的情感体验较低，学习兴趣不高，行为层面获得感不显著。①

有学者认为在"获得感"这个偏正结构的词语中，"获得"是"感"的前提和基础，思想政治理论课的"获得感"必然是大学生在从思想政治理论课的所学"获得"中产生的主观心理感受。聚焦到大学生从思想政治理论课中的获得对获得感进行调查，围绕思想政治理论课课程设置、教学内容等方面，设计调查问卷，对当前一定范围的大学生思想政治理论课获得感的现状有了一个基本的了解。有学者分析认为当前学生对思想政治理论课课程设置的必要性有一定的认识，但其学习动机仍有一定的功利色彩，学生认为思想政治理论课的内容与其期待和需求间还存在一定的差距。学生对思想政治理论课教学过程有较高的评价，但认为思想政治理论课教学方法的亲和力和针对性不够。学生对思想政治理论课教师的认可度较高，但师生关系有待改善。②

有学者从思想政治理论课教学过程的维度分析影响思想政治理论

① 邵雅利:《大学生思想政治理论课获得感现状调查分析》,《学校党建与思想教育》2018 年第 6 期。

② 海莉花、刘晋云、董继超:《高校大学生思想政治理论课获得感调查研究——基于陕西高校问卷调查结果分析》,《西安航空学院学报》2018 年第 12 期。

课获得感的因素，认为课前准备是影响思想政治理论课获得感的基础因素，教师只有全面把握教学内容和学生状况并甄选合适的教学方法，才能为上好思想政治理论课打下坚实基础；课堂教学是影响思想政治理论课获得感的关键因素，只有透彻的理论、通俗易懂的语言和贴近生活的实践教学才能给学生带来积极的心理体验；教学反馈是影响思想政治理论课的拓展因素，只有及时为学生解疑释惑并优化考评体系，才能客观真实地反映教学效果。这三个方面相互联系，不可分割，共同影响着思想政治理论课获得感的生成与提升。[①]

当前对思想政治理论课获得感现状的实证研究还不多见，截止到2018年12月在知网中的检索仅见2篇。其他对思想政治理论课获得感现状的分析也大多是源于教学实践的感悟所得。

3. 提升思想政治理论课获得感路径的研究

对提升思想政治理论课获得感途径的研究是占思想政治理论课获得感研究数量比重最大的内容。

从宏观角度的理念转变、价值引领等方面提出增强大学生思想政治理论课获得感的路径，如有学者提出增强大学生思想政治理论课获得感的四个着力点：包括深厚的价值底蕴彰显学科优势，强化育人导向，树立引领力；科学的理论底色透析理论魅力，建构育人方略，发挥思想力；灵活的施教方法提升双向互动，盘活主客关系，增进亲和力；坚实的实践推进，注重知行合一，增强体悟力。[②] 也有学者提出五条路径优化思政理论课产品供给的建议，即"以学生为中心"理念导向和"能力本位"价值定位顶层设计、有实效的内容供给、互动性和场景化的形式安排、具有感染力和亲和力的语言表达、反思性和实践性的教学过程，以此大力提升学生思政理论课获得感和认同感。[③]

---

① 石文卓：《高校思想政治理论课获得感的影响因素分析》，《思想理论教育导刊》2019年第8期。

② 王会民：《增强大学生思想政治理论课获得感的四重向度》，《思想教育研究》2018年第11期。

③ 李强、杨晓哲、郭凯：《思想政治理论课学生获得感路径研究》，《东华大学学报》（社会科学版）2017年第4期。

从教学过程各环节建设上提出增强大学生思想政治理论课获得感的对策。有学者认为要通过提升课堂教学的亲和力、考核的亲和力、教师的亲和力，来增强大学生对思想政治理论课的获得感。[1] 有学者认为应该精准定位思想政治理论课，有效供给教学内容，以互联网技术为依托，创新教学模式等途径提升大学生思想政治理论课获得感。[2] 有一些学者针对特定的教育对象如医科学生、高职院校学生等提出了相应的对策。还有从创新教学方式和教学模式上来提升可获得感的研究。而这些研究的成果大多是从事一线教学工作的教师，在实践中思考探索的结果，教师们的讨论也多是从微观入手。

综上所述，目前对思想政治理论课获得感的研究缺乏系统性，在理论层面上的深入探讨较少，在具体的操作方面的问题研究也缺乏系统性，仍需进一步深入探讨。

三　研究的思路、方法与创新之处

（一）研究思路

笔者在进行本研究时一开始就思考这一逻辑问题，试图构建研究的逻辑起点、逻辑中介和逻辑终点。本书以思想政治理论课获得感的涵义为思考和研究这个问题的逻辑起点，在明确思想政治理论课教学获得感本质是什么的基础上，深刻分析大学生获得感中存在的问题及所形成的原因，并提出提高路径。为此，本书首先研究大学生思想政治理论课教学获得感的涵义，然后考察当前思想政治理论课获得感的现状及其存在的问题，进而分析当前思想政治理论课获得感现状形成的原因，最后根据问题产生的原因提出增强大学生思想政治理论课获得感的路径，以解决现实问题。

本书除绪论外共七章，分为四个部分。第一部分是对大学生思想政治理论课获得感的概念进行界定和生成机制的研究，是本研究的逻

---

① 金文斌：《增强大学生对思想政治理论课获得感的路径研究》，《思想理论教育导刊》2017 年第 9 期。

② 海莉花、刘晋云、董继超：《高校大学生思想政治理论课获得感调查研究——基于陕西高校问卷调查结果分析》，《西安航空学院学报》2018 年第 12 期。

辑起点，包括本书的前三章。第一章大学生思想政治理论课获得感的内涵界定和第二章大学生思想政治理论课获得感的维度和特性，从获得感的提出开始，层层递进提出获得感的涵义再到思想政治理论课获得感的涵义。在对大学生思想政治理论课获得感进行字面意义理解的基础上，结合逻辑思考和新时代背景，本书认为大学生思想政治理论课获得感是指大学生从思想政治理论课中获得的个体成长发展需求的满足而产生的积极心理体验，包含有大学生从思想政治理论课教学中获得的理论知识习得的满足感、情感体验的共鸣感、坚定理想信念的充实感和行为习惯养成的成就感。并通过与思想政治教育获得感、思想政治理论课实效性和思想政治理论课满意度等相关概念的比较来进一步全面深刻理解思想政治理论课满意度的本质内涵与特征。本书的第三章在分析思想政治理论课获得感的基本要素的基础上，分析思想政治理论课获得感的生成过程与内、外部机制，认为大学生需要是获得感生成的前提，参与是关键，满足是基础，大学生的认同则是获得感生成的具化。

　　第二部分是对当前大学生思想政治理论课获得感现状的调查与分析。包括本书的第四、五章。第四章为大学生思想政治理论课获得感现状的调查。这部分是从大学生思想政治理论课获得感的涵义出发，科学编制调查问卷并组织实施调查，从东部、中部、西部各个层次的高校1100多名学生中进行问卷调查，从第一手的资料中系统分析当前大学生思想政治理论课获得感现状，认为当前大学生思想政治理论课获得感整体状况不错，绝大多数学生对思想政治理论课有获得感，对课程和教师具有比较高的认可度，但是还呈现不平衡、不充分、不稳定及低效能等问题。第五章则是着重分析大学生思想政治理论课获得感现状的形成原因，结合本书对思想政治理论课获得感生成机制的研究，动态分析大学生思想政治理论课获得感现状的多方影响因素，认为高校思想政治理论课课程建设和教学供给的不充分与不平衡以及大学生主体需求发展的不充分和不平衡是主要原因。

　　第六章为增强大学生思想政治理论课获得感的路径。本研究分析了影响因素对大学生思想政治理论课获得感的影响程度，以便找到一个最有效地增强大学生获得感的途径。有针对性地提出把建设一支高素质的思想政治理论课教师队伍作为关键，以高水准教材为遵循，以高水平教学资源为支撑，以高质量示范课堂为抓手，以高效率工作机制为保障，以建设学生"真心喜爱、终身受益"为目标，深入掌握学生需求、拓宽思想政治理论课改革思路、强化师资、加强教材建设、创新教法、完善机制、营造良好环境等具体措施，全面提升思想政治理论课质量和水平，从而提升大学生思想政治理论课获得感。

第七章为"大思政课"背景下的大学生思想政治理论课获得感研究，"大思政课"对思想政治理论课建设指明的方向并提出了要求，最后一个部分将分析"大思政课"的内涵与意义，并从教师、学生、课堂教学、平台建设和工作格局五个方面探索提升思政课获得感的路径。

（二）研究方法

科学合理的方法是探索研究的基本原则。虽然就研究方法本身来讲不同的研究方法有其更加适合的领域，采取更加合适的研究方法是进行科学研究的基本功，根据本研究的研究对象和作者本身的优势，本研究借鉴了思想政治教育学、心理学、统计学等学科的理论与方法，运用马克思辩证唯物主义的世界观和方法论，遵循分析与回归相结合、理论研究与实证研究相结合的原则，采取了以下几种研究方法。

1. 文献研究法

文献研究法是指通过对相关研究的前期成果进行搜集、鉴别、整理，形成对本研究的研究对象的科学认识。文献研究法是本研究采用的最基本的一种研究方法。本书运用文献研究法，对高校思想政治理论课"获得感"相关的研究资料进行了搜集和梳理，力求全面把握已有研究成果，并在前人研究的基础上，能够有更宽广的研究视野、更精准的分析视角和更加深邃的现象分析。本研究所查阅的相关文献资料主要有三大类别：第一大类是新中国成立以来出版、发行的党和国家相关理论资料和历史文献，主要是马克思主义的经典著作和马克思主义中国化的理论成果；第二类是中共中央、宣传部、教育部等相关部门发布的与高校思想政治理论课建设相关的各种文件、工作方案、通知等；第三类是相关学者对于思想政治理论课研究的论文、著作等学术成果。希望通过研读这些文献资料能够尽可能多地掌握已有研究成果和观点，为本研究提供理论支撑，增强其科学性与理论性。

2. 问卷调查法

"没有调查就没有发言权"，本研究的目的是要落脚到能够切实增强大学生思想政治理论课的获得感，因此客观了解思想政治理论课获得感的整体状况的第一手数据是后续研究的基础。而对大学生思想政治理论课获得感的现状究竟如何并不能从思想政治理论课考核分数中分析，也不能从教学评价中分析，而是要从大学生主体这里获取，并且还要注意方法。本研究还设计具有良好信度与效度的调查问卷，对教学质量的影响因子进行抽样调查，采用社会科学统计软件 SPSS 20.0 对回收问卷进行数据处理，掌握客观真实的第一手资料，能够为研究的结论和教学改革提供实证的支撑。

3. 比较研究法

有比较才有鉴别。比较研究法是研究一切事物生动的、普遍的逻辑方法，比较分析法可分为横向比较和纵向比较两种。本书运用到这两种比较方法，一是采用纵向的历史比较，追寻高校思想政治理论课建设的历史沿革轨迹，并运用历史唯物主义的方法分析思想政治理论课建设的动态性，总结这个历史过程中形成的经验与启示，在继承借鉴的基础上，根据当前的实际情况，找到增强大学生思想政治理论课获得感的途径与方法；二是采用横向的现实比较，比较由于学校层次、学科专业、教学条件等方面原因而造成的现实差异性，比较在实效性、满意度等不同考察视域下不同的结论。

4. 系统研究法

思想政治理论课获得感是一个内涵十分丰富的概念，是一个由教学主体、教学客体、教学载体、教学环境等诸多因素所构成的复杂整体，只有运用系统研究方法才能从整体上深刻地分析研究从而得出正确的结论。本研究运用系统研究法，厘清思想政治理论课教学各要素之间的相互关系及其运行机制，分析了思想政治理论课获得感生成的过程和各影响因素的相互作用，从整体上把握住了大学生思想政治理论课获得感生成的内外部机制，从而有针对性地提出增强大学生思想政治理论课获得感的措施。

（三）创新点

1. 观点的创新

本书的创新点体现在对大学生思想政治理论课获得感概念的界定方面，并从获得感形成机制角度入手对获得感现状形成的原因进行分析，以及提出增强大学生思想政治理论课获得感的最佳路径。

第一，概念的界定。本书首先对"大学生思想政治理论课获得感"进行了概念界定。笔者以马克思辩证唯物主义为理论指导，综合思想政治教育学、教育心理学、接受理论等研究成果，以思想政治理论课获得感这一范畴为切入点，从认识论、价值论和实践论三个维度理解和把握大学生思想政治理论课获得感，认为大学生思想政治理论课获得感是指大学生从思想政治理论课中获得的个体成长发展需求的满足而产生的积极心理体验，包含有大学生从思想政治理论课教学中获得的理论知识习得的满足感、情感体验的共鸣感、坚定理想信念的充实感和行为习惯养成的成就感。这一界定突出了思想政治理论课对大学生进行系统的马克思主义理论教育的根本目的和价值意义所在，即大学生学习马克思主义理论的根本目的和价值是使其能够掌握和运用马克思主义的立场观点方法分析问题和解决问题，使大学生真正从知识学习、习惯养成到树立科学的理想信念，行动上最终能够成为中国特色社会主义事业的合格建设者和接班人。对"大学生思想政治理论课获得感"这一概念的界定是在对思想政治理论课教学效果进行系统的历史考察的基础上，通过理论上的逻辑推理和对新时代特点的分析中抽象概括出来的，避免了出现实践中把"思想政治理论课获得感"作为一个时髦的词汇加以随意使用的现象，为考察高校思政教学效果的现状及其存在的问题，为进一步深刻分析高校思想政治理论课教学效果存在问题的形成原因，并提出有效的提高路径奠定了科学的理论依据。

第二，对大学生思想政治理论课获得感现状的成因的分析。获得感的形成是一个复杂的系统，影响获得感形成的因素众多且关系复杂，本书从获得感形成机制的角度分析影响思想政治理论课获得感的因素。从根本上看，大学生思想政治理论课获得感中存在的不足和问题的形成原因并不是教学的方法途径或者是教材内容等某一方面的因素，而是课程教学的目标、过程和环境的整体方面的原因。本研究从课程建设的角度切入，分析高校思想政治理论课教学中存在的主要矛盾和具体矛盾，分析当前大学生思想政治理论课获得感存在问题的原因。在辩证唯物主义的指导下，分析原因才能有针对性地解决矛盾，推动事物发展变化，从而提升大学生思想政治理论课获得感。

2. 研究方法的创新

运用 SPSS 20.0 社会科学统计分析软件。对来自于东中西部 1167 份问卷分别从思想政治理论课教材、思想政治理论课教学设置、理论课教师等方面，对思想政治理论课获得感进行了问卷调查，了解了新时代大学生思想政治理论课获得感的状况，并分析了获得感的影响因素与获得感现状的成因，结合当前进一步加强和改进高校思想政治理论课建设的现状提出了有针对性的建议。

第一章　大学生思想政治理论课
获得感的理论蕴涵

第一节　获得感的相关概念

一　获得感的提出

"获得感"首次进入大众视野是在 2015 年 2 月 27 日，习近平总书记在中央全面深化改革领导小组第十次会议上提出了改革的方案要让人民有"获得感"。"获得感"一词一经提出就迅速流行，成为街谈巷议的热词，在《咬文嚼字》杂志社评选的 2015 年度十大热词中位列榜首。

2015 年 11 月 29 日中国共产党第十八届中央委员会第五次全体会议通过的会议公报中又再次出现了"获得感"一词，公报中提到坚持共享发展，使全体人民在共建共享发展中有更多"获得感"。

在 2015 年之后，"获得感"一词就成为一个关注度高、使用率也高的热门词汇。习近平总书记在多个场合中提到人民的获得感，"获得感"一词在十九大报告中就出现了三次。获得感一词多出现于民生领域，成为老百姓关心的问题，挂在嘴边的词汇。

二　获得感的概念阐释

"获得感"在首次出现的语境下，其意思是指让人民群众对改革有更加普遍更加实在的获得和享受，这些"获得感"不仅包括具体的物质层面的获得，比如更多的收入、更好的医疗卫生服务、更放心的养老、更公平高质量的教育、更美的生活环境等，还包括心理和精神层面的获得，比如生活更加体面、对未来更有盼头等有更积极乐观的心理体验。"获得感"一词的提出实际上是对满足感和幸福感更具体化的表述。当前学界对"获得感"概念的阐释很多，主要集中为以下观点。

（一）获得感是"获得"加上"感"

从词根词源角度先分别解释什么是"获得"，什么是"感"，进而分析"获得"与"获得感"的关系。根据《现代汉语词典》中对"获得"一词的解释是取得、获取，取得和获取的对象既包括具体的事物也包括抽象的事物。在"获得感"提出的语境下，"获得"应该包括具体的物质方面的获得，也包括抽象的精神方面的获得。有学者基于这种词源的理解，认为"获得感"是包括具体事物的得到也包括抽象精神方面的得到，认为"获得感"追求的是"获得"，着眼点是"感"，"获得感"是指因物质层面和精神层面的获得而产生的可以长久维持下来的满足感，它强调在为我的基础上的一种实实在在的得到。这种解释认为获得感包括物质和精神两个层面，强调"获得感"的持续性和实在性。可见，目前从词根词源词义的角度，关于"获得感"至少在以下方面达成了初步共识：一是"获得感"是一个典型的附加法构词，由词根"获得"加上类后缀"感"构成。但是后缀的"感"不可虚化，"获得感"追求的是"获得"，着眼点是"感"；二是要从多维角度理解"获得感"，"获得感"是客观与主观、显性与隐性、物质与精神、静态与动态的辩证统一。

（二）获得感区别于"幸福感"等相似概念

有学者从西方学术语境中相近词汇的比较角度解释"获得感"这一"中国概念"，曹现强指出，"获得感"与"幸福感"以及"主观生活质量"等西方学术语境中的概念具有一定的相似性，又存在一定的区别，如从评价主体上讲，虽然"幸福感"和"获得感"都是主观心理感受，但是"获得感"更强调"实惠"；从评价内容上看，虽然"获得感"和"主观生活质量"都强调实际得到，但获得感不仅包括"绝对获得"，还包括"相对得到"的感觉。通过与相似概念的比较，他认为获得感包含有两个特征：首先，"获得感"具有公平公正的特征，保证社会中的每一个人都能够公平、公正地享有发展成果；其次，"获得感"必须具有包容性的特征。① 这种解释充分考虑了"获得感"提出的时代背景和特殊性，突出了"获得感"的中国特色和中国气派。

（三）"获得感"旨在消除"失落感"，量化"幸福感"

有学者从"获得感"提出的背景和意义出发，认为它的提出是为了消除人民群众心中特别是弱势群体心中的"失落感"，指向"民生"和"公平"问题，体现"共享"发展理念。"获得感"是人民群众共享改革成果的幸福指数，而比幸福感更加量化，更有可衡量性。

第二节　大学生思想政治理论课
获得感的内涵

一　高校思想政治理论课的界定

对大学生思想政治理论课获得感进行界定，首先应该对思想政治理论课这一客体进行明确界定。大学生思想政治理论课获得感所指的"思想政治理论课"的概念是在不断演进和变化的，本研究中的高校思想政治理论课是有明确的界定的。新中国成立以后，国家十分重视高等学校的思想政治教育工作，在 2004 年 8 月《中共中央、国务院关于进一步加强和改进大学生思想政治教育的意见》印发以前，我国高等学校开设的这类课程的名称经历了"共产主义思想品德课""思想品德和政治理论课""马克思主义理论课""马克思主义理论课和思想品德课"（简称"两课"）等不同阶段。在印发 16 号文件之后，高校思想政治理论课成为这类课程的规范统称。思想政治理论课设置的具体课程也经历一定的改变。2005 年 2 月，中共中央宣传部、教育

---

① 曹现强：《获得感的时代内涵与国外经验借鉴》，《人民论坛·学术前沿》2017 年第 2 期。

部《关于进一步加强和改进高等学校思想政治理论课的意见》中规定了高校思想政治理论课的课程设置方案，也就是"05方案"，成为目前高校思想政治理论课设置的基础，之后的课程设置都是在此基础之上的调整。"05方案"规定了高校在本科生开设包括"马克思主义基本原理""毛泽东思想、邓小平理论和'三个代表'重要思想概论""中国近现代史纲要""思想道德修养与法律基础"在内的四门必修课和"形势与政策""当代世界经济与政治"等选修课。

2008年8月，教育部办公厅发函将"思想政治理论课，毛泽东思想、邓小平理论和'三个代表'重要思想概论"课程调整为"毛泽东思想和中国特色社会主义理论体系概论"课程。也就是说，今天我们讲的思想政治理论课就是原来的"共产主义思想品德课""马克思主义理论课和思想品德课"。

思想政治理论课教学的目的在表述上也经历了几次沿革。1984年《教育部关于印发〈关于高等学校开设共产主义思想品德课的若干规定〉的通知》中提出共产主义思想品德课的任务是对学生进行共产主义人生观和共产主义道德教育，针对学生普遍关心的有关人生、理想、道德等方面的问题，给予有说服力的回答，帮助学生逐步树立共产主义人生观，培养共产主义的道德品质。

在1995年的《关于高校马克思主义理论课和思想品德课教学改革的若干意见》中提出"两课"要对青年学生系统进行马克思主义基本理论教育和思想品德教育，是社会主义大学的本质特征之一，是高校思想理论教育的主要渠道和主要阵地，帮助青年学生认清人类历史的走向和社会主义发展的前景，使他们确立坚定正确的政治方向，提高贯彻执行党的基本路线的自觉性，树立马克思主义的世界观、人生观、价值观，培养良好的道德品质，成为社会主义事业的建设者和接班人。

2004年中共中央、国务院《关于进一步加强和改进大学生思想政治教育的意见》中明确指出，高校思想政治理论课是大学生思想政治教育的主渠道，是大学生的必修课，是帮助大学生树立正确的世界观、人生观和价值观的重要途径，体现了社会主义大学的本质要求。

在"05方案"中，指出高校思想政治理论课的任务是对大学生进行系统的马克思主义理论教育，体现党的教育方针和社会主义大学的本质特征，思想政治理论课是党和国家事业长远发展的根本保证。

在2019年高校思想政治理论课教师座谈会上，习近平总书记指出，思想政治理论课是落实立德树人根本任务的关键课程，思想政治理论课用新时代中国特色社会主义思想铸魂育人，引导学生增强中国特色社会主义道路自信、理论自信、制度自信、文化自信，厚植爱国主义情怀，把爱国情、强国志、报国行自觉融入坚持和发展中国特色社会主义事业、建设社会主义现代化强国、实现中华民族伟大复兴的奋斗之中。思想政治理论课具有不可替代的作用。

马克思指出："理论只要说服人，就能掌握群众；而理论只要彻底，就能说服人。所谓彻底，就是抓住事物的根本。"① 从某种意义上讲，思想政治理论课的教学过程，就是理论掌握群众的过程，就是理论说服人的过程，就是理论"彻底"化的过程。

二　大学生思想政治理论课获得感的涵义

获得感无论从其提出的背景还是提出的意义来讲，都是一个极具中国特色的词汇，获得感也是一个内涵及其丰富的概念，当前学界对获得感概念的理解也不一而足，梳理当前学者对思想政治理论课获得感内涵的界定，可以发现主要归为两大类。一是认为思想政治理论课获得感是实际增益和主观受益的统称。认为思想政治理论课获得感，主要指全体大学生也包括思想政治理论课教师，通过单独的或系统的思想政治理论课的教与学，取得知识论层面、价值观层面和方法论层面的实际增益和主观受益的统称。② 二是当前最为常见的一类，认为思想政治理论课获得感是一种心理主观感受。这一类的界定，虽然同

① 《马克思恩格斯选集》第1卷，人民出版社2012年版，第9—10页。
② 姚迎春、杨业华：《论思想政治理论课获得感的内涵》，《湖北社会科学》2018年第4期。

样认为思想政治理论课获得感是一种主观感受，但这个心理感受又是有差别的。有学者认为思想政治理论课获得感是由需求获得满足而产生的心理感受，如房广顺等认为思想政治理论课的获得感是指思想政治理论课在满足大学生的发展需求和期待后的正向的、持续的、实实在在的心理感受；有学者认为大学生对思想政治理论课的获得感是思想政治理论课教学供给与大学生的心理和精神需求之间的有效契合；还有学者提出大学生对思想政治理论课的获得感是大学生对思想政治理论课在其成长发展中所发挥的客观作用的性质、广度和深度的主观感受。

　　当前对思想政治理论课获得感的界定，还没有形成共识，有更多的学者关注思想政治理论课获得感的研究。目前仍有学者和思想政治理论课一线教师，依然将"思想政治理论课获得感"当作一个新时代产生的热门词汇在使用。

　　笔者认为大学生思想政治理论课获得感是指大学生从思想政治理论课中获得的个体成长发展需求的满足而产生的积极心理体验，包含大学生从思想政治理论课教学中获得的理论知识习得的满足感、情感体验的共鸣感、坚定理想信念的充实感和行为习惯养成的成就感。大学生思想政治理论课获得感的产生是大学生成长发展的需求和期待与高校思想政治理论课意识形态的规定性的统一。

　　大学生思想政治理论课获得感以大学生从思想政治理论课中的实际获得为基础，获得是获得感产生的前提和必要条件，但获得并不是获得感产生的充分条件，也就是说大学生从思想政治理论课中有实际获得并不一定产生相应的获得感或相应强度的获得感。

三　大学生思想政治理论课获得感与几个相似概念的辨析

　　对思想政治理论课获得感相关概念的研究还没有明确界限，为更好理解大学生思想政治理论课获得感的内涵与外延，区分几个相近的概念，厘清几个容易混淆的问题，才能更好地在理论上对思想政治理论课获得感进行深入研究，在实践中更好地把握和操作。

（一）思想政治理论课获得感与思想政治教育获得感

当前思想政治教育获得感也是研究比较多的一个概念，程仕波和熊建生指出思想政治教育获得包括两种形式，一种是主动的获得，一种是教育对象被动接受与等待教育者的给予内容。思想政治教育获得感是教育者"供给"与教育对象"求取"双边互动中产生的主观体验。[1] 以他们界定的思想政治教育获得感的概念为对象进行比较，显而易见，大学生思想政治理论课获得感和大学生思想政治教育获得感的区别就是两者的客体不同。大学生思想政治理论课获得感的客体是思想政治理论课，而思想政治教育获得感的客体是思想政治教育。又因为高校思想政治理论课是高校思想政治教育的主渠道和主阵地，我们也可以理解为大学生思想政治理论课获得感是高校思想政治教育获得感的重要组成部分。

（二）大学生思想政治理论课获得感与思想政治理论课满意度

在关于学生学习满意度的研究中，有学者认为学生满意度是指学生在学习的过程中，对于学校提供的各种教育服务的实际感知和期望之间比较后所产生的一种心理感受。借鉴这个概念，我们可以把高校思想政治理论课学生满意度理解为大学生对思想政治理论课教学实践活动的实际感知效果与他们的期望值相比较后所形成的感觉状态。大学生思想政治理论课获得感和大学生思想政治理论课满意度的语法结构非常接近，很容易产生混淆。

其实两者适用情况不同，两者都是评价高校思想政治理论课教学效果的标准，区别在于获得感是评价大学生学习思想政治理论课的效果，观测大学生是否从思想政治理论课中有所得，所得为何，所得如何；而思想政治理论课的满意度是大学生评价思想政治理论课教学的效果，观测大学生对思想政治理论课教学是否满意，是否满足了大学生的主观预设。

（三）大学生思想政治理论课获得感与思想政治理论课实效性

有学者认为思想政治理论课教学实效性是思想政治理论课教学根

---

① 程仕波、熊建生：《论思想政治教育获得感》，《思想理论教育》2017 年第 7 期。

据社会发展的要求，培养学生思想品德全面发展的实际效果。从一定程度上讲，大学生思想政治理论课获得感是高校思想政治理论课教学实效性的一个重要组成方面，"思想政治理论课获得感"概念将实效性与时代发展紧密联系在一起。

思想政治理论课获得感的主体就是大学生，大学生通过学习思想政治理论课感知到自己学的如何，获得了什么，获得了多少。而思想政治理论课实效性则是由社会、高校等主体来评价思想政治理论课教学是否达到了课程开设的目的和目标。两者主体不同。思想政治理论课实效性的评价主体是多元的，这一点我们已经从相关研究中看到并取得共识，对思想政治理论课实效性的评价不能只有单一主体，应该包括社会（教育部门、学生家长）、高校（教学管理部门、教师）和大学生。而大学生思想政治理论课获得感的评价主体是大学生。虽然思想政治理论课获得感应包括教师思想政治理论课获得感和大学生思想政治理论课获得感，但本书研究的对象是大学生思想政治理论课获得感，因而不考虑教师思想政治理论课获得感。

两者的参照系也不同。大学生思想政治理论课获得感如何的实际参照系是大学生参加思想政治理论课教学活动前的状况，而高校思想政治理论课实效性的参照系是课程开设的目的和目标。

表1-1　　　　　　　　　几个相似概念的比较分析

	主体	客体	评价内容	参照系
大学生思想政治理论课获得感	大学生	思想政治理论课	思想政治理论课的"学"	大学生学习思想政治理论课之前
大学生思想政治教育获得感	大学生	思想政治教育	思想政治教育	大学生接受高校思想政治教育之前
大学生思想政治理论课满意度	大学生	思想政治理论课	思想政治理论课的"教"	大学生对思想政治理论课的主观预设

续表

	主体	客体	评价内容	参照系
大学生思想政治理论课实效性	社会、高校和大学生	思想政治理论课	思想政治理论课的"教学"	开设思想政治理论课的目的和目标

第三节　大学生思想政治理论课获得感的哲学分析

"获得感"一词迅速流行来自于习近平总书记在中央全面深化改革领导小组第十次会议上的讲话，引起了社会各界的广泛关注和讨论。2017年5月教育部印发的《2017年高校思想政治理论课教学质量年专项工作总体方案》，强调要提高思想政治理论课质量和水平，切实增强大学生对思想政治理论课的获得感，因而将2017年定为高校思想政治理论课教学质量年。2018年4月，教育部印发《新时代高校思想政治理论课教学工作基本要求》，把高校思想政治理论课教学工作摆在更加突出的位置，将"获得感"引入思想政治理论课教学改革，对加强高校思想政治理论课建设，提高教学质量，培养德智体美全面发展的社会主义事业合格建设者和可靠接班人具有重要意义，增强大学生对思想政治理论课的获得感，已经成为新时代高校思想政治理论课教学改革的出发点、落脚点和创新点。

如同在前面所讲到的，对大学生思想政治理论课获得感的内涵的界定是本书研究的逻辑起点，搞清楚大学生思想政治理论课获得感的内涵与外延是进行思想政治理论课获得感研究的理论前提。本书试图基于认识论、价值论和实践论三个角度构成分析和认知维度，全面地理解和把握思想政治理论课获得感的内涵。

一　基于认识论的分析

基于认识论范畴讨论大学生思想政治理论课获得感问题，我们可以认为是大学生对参与思想政治理论课教学实践的认识，是对思想政治理论课教学的内容、方法、教学形式、教学效果的反应，是学生对思想政治理论课教学这一客体的思维建构，直接体现了马克思主义"把'对象、现实、感性'当作感性的人的活动，当作实践去理解"的思想。

第一，大学生思想政治理论课获得感是大学生对思想政治理论课这一自在客体的思维建构。列宁早就指出，"认识是人对自然界的反映。但是，这并不是简单的、直接的、完整的反映，而是一系列的抽象过程，即概念、规律等等的构成、形成过程"①。思维的建构是思维通过概念、范畴等把自在客体转化为观念客体的过程，认识主体与客体以概念结构为中介的双向运动，主体去分解自在客体，而自在客体也就在一定程度上转化为观念客体，表现为"从主体方面去理解"的过程。大学生思想政治理论课获得感正是主观和客观两个方面去能动地理解思想政治理论课，同思想政治理论课教学实践密切结合在一起的能动的反应。

第二，大学生思想政治理论课获得感客观存在。不论大学生个体对思想政治理论课获得感的强弱程度如何，大学生对思想政治理论课获得感这一心理体验是客观存在的，在同一的思想政治理论课课堂中，不同个体对客体的体验会产生不同的获得感，这种感受不以思想政治理论课教育者的意志为转移，独立于思想政治理论课本身之外。大学生思想政治理论课获得感是客观存在的，由于多种因素的影响，大学生个体对思想政治理论课获得感的程度、内容不尽相同，甚至是大相径庭，这都是大学生对思想政治理论课的认识和反应。

第三，大学生思想政治理论课获得感来自于思想政治理论课教学实践。全部社会生活在本质上是实践的。② 实践从根本上决定着思维的发展，实践是认识发展的根本动力。在探讨获得感这个主观色彩浓厚的概念时，一定要根植于高校思想政治理论课教学实践活动中。

① 《列宁全集》第 55 卷，人民出版社 1990 年版，第 152 页。
② 《马克思恩格斯选集》第 1 卷，人民出版社 2012 年版，第 135 页。

第四，大学生思想政治理论课获得感有一个从感性到理性、从外在到内在、从表面到深层的发展过程。认识是一个从现象到本质、从第一本质到第二本质的运动。对大学生思想政治理论课获得感的研究就需要从这一观点出发来认识它的内涵的丰富性和层次性。由于大学生本身和思想政治理论课教学活动的发展变化，因而获得感也会呈现出层次性、多样性。

大学生思想政治理论课获得感不仅是大学生对思想政治理论课这一客体的认识，也是高校、社会等主体对大学生学习思想政治理论课这一实践的另一种认识角度。

二　基于价值论的分析

大学生思想政治理论课获得感是一种价值判断，反映思想政治理论课这一客体对大学生这一主体的需要的满足程度。所以，我们可以将大学生思想政治理论课获得感放在价值关系中进行分析。

第一，思想政治理论课的本质属性是思想政治理论课获得感存在的前提。价值体现的是主体和客体之间的一种特定关系，它离不开客体的某种性质和属性，价值具有客观基础。因此，大学生思想政治理论课获得感的存在前提在于思想政治理论课的性质和属性是否能够满足价值主体的需要，即能否满足学生需要，它不由人的主观愿望决定，而是由思想政治理论课客观存在的性质和属性决定。

第二，思想政治理论课的获得感是在思想政治理论课与学生发展的统一中实现。"价值是主客体之间的统一状态，这种统一必须是符合主体需要和内在尺度的，是客体为主体服务，是主体性占主导地位的统一。"① 在价值关系中，判断思想政治理论课是否有价值、有多大价值还需要解决大学生的认定问题，因为不同的大学生有不同的需要，同样的思想政治理论课满足大学生需要的程度也不同。大学生是思想政治理论课教学价值的直接享用者，他们最具有直接发言权。大

---

① 李德顺：《价值论——一种主体性研究》，中国人民大学出版社 1987 年版，第125 页。

学生思想政治理论课获得感形成的过程不是简单的思想政治理论课教学活动的实施过程，而是思想政治理论课与大学生相互作用的过程。思想政治理论价值的实现，是思想政治理论课所蕴含的理论思想等内容，在大学生经过筛选、吸收和加工的基础上内化成为他们自己的深刻而稳定的心理认知，外化为一种现实的个体行为习惯，这个过程是一个再创造的过程。

第三，大学生思想政治理论课获得感具有多维性。价值的多维性是指每个主体的价值关系的多样性，同一客体相对于主体的不同需要会产生不同的价值。思想政治理论课对不同学生的不同层次的需求来说，就可能构成多维的价值关系。如学生产生的对知识习得的满足感、情感体验的共鸣感、坚定理想信念的充实感和行为养成的成就感。

三 基于实践论的分析

作为实践范畴，大学生思想政治理论课获得感是高校思想政治理论课教学改革的出发点、落脚点和创新点。大学生思想政治理论课获得感的形成、增强都要回归到高校思想政治理论课教学实践上来。

第一，大学生思想政治理论课获得感是从思想政治理论课教学实践中产生的。实践是认识发展的根本动力。大学生思想政治理论课获得感来自于外部现实世界，学生的学习实践是一种有意识、有目的的活动。具体来讲就是高校思想政治理论课教学，是大学生作为实践的主体之一参与其中的教学活动，大学生的思想政治理论课获得感，可以理解为大学生在思想政治理论课教学活动开始时就已经存在着学习活动结束时的结果，这个在大学生头脑中存在着的观念决定着他的学习行为。因此，我们研究大学生思想政治理论课获得感究竟如何时，不应仅研究大学生更应该研究高校思想政治理论课教学这一实践。

第二，大学生思想政治理论课获得感是高校思想政治理论课教学改革的出发点和落脚点。认识对于客观实践的互动是一个循环上升的过程，认识来源于实践，又对实践有反作用。思想政治理论课教学改革是为了切实增强大学生对思想政治理论课的获得感，而大学生对思想政治理论课获得感的增强又是进一步进行思想政治理论课教学改革的目的，只有从思想政治理论课获得感存在的问题出发，才能有针对性地解决问题。因此，以提升大学生的获得感为要义，深化高校思想政治理论课教学改革，在实践中相互促进，才能让学生更有获得感。

第三，大学生思想政治理论课获得感需要在实践中经受检验。思想政治理论课的根本任务与学生思想政治理论课获得感的导向在根本上是一致的，思想政治理论课不仅要教授学生马克思主义理论知识，还要关注学生相关能力素质的培养，如理想信念的树立、爱国情感的培育、核心竞争力的培育，等等。最终要将思想政治理论课所学"外化于形"，使大学生成为社会主义建设者和接班人。大学生思想政治理论课获得感是大学生对思想政治理论课实际获得的主观心理感受，这种主观心理感受会在实践中不断发展和变化，只有经受了实践检验的获得感才会真正改变大学生主体，促进个体的全面发展。

第四节　大学生思想政治理论课获得感生成的必要性与可能性

大学生有成长发展的需求和期待，这些需求和期待是什么，需求和期待的水平和层次如何，高校思想政治理论课应满足学生的哪些需求和期待？从大学生成长发展的需求和期待的视角分析，我们可以看到大学生思想政治理论课获得感生成的必要性与可能性，理解大学生思想政治理论课获得感的重要意义。

一　大学生思想政治理论课获得感生成的必要性

从大学生成长发展需求和期待的角度看，大学生对思想政治理论课是存在需求的，需要高校思想政治理论课来满足大学生多个层次的成长发展需要。

在心理学的动机理论中认为需求可能转化为动机，而动机引起并维持行为。正如恩格斯所说，行动的动力一定要经过头脑转化成为动机，才能产生实际行动。这种行动的动力就是需求。也就是说一定要产生需求才能有行动。人的行为源于相应的需求，因为需求与行为之间的这种内在关系，人们对需求研究的兴趣很旺盛，并产生了不少的研究成果，形成了不同的流派，其中最具代表性的需求理论是马斯洛的人的需求层次理论和马克思主义的人的需要理论。

众所周知，马斯洛的需求层次理论认为人的需求是有层次的，并把人的需求分为由低到高五个层次。其中，第一层次是生理需求，是最低需求；第二层次是安全需求；第三层次是爱和归宿感；第四层次是尊重；第五层次是自我实现需求，是最高需求。马斯洛需求层次理论还认为，人类是从低级到高级来满足需求的，满足了的需求不再具有激励作用，而更高层次的需求才是产生行为的动力。一个国家多数人的需要层次结构同整个国家的经济发展水平、科技文化水平和人民受教育程度直接相关。

马克思主义关于人的需要的论述很丰富，认为人的需要是人的本性，需要构成了人的世界的价值的基础。当然，马克思也认为人的需要是有层次的，包括自然需求、社会需求和精神需求三个层次，他认为人的需要具有发展性。马克思还认为人的需求的三个层次是同时并存的，但在不同阶段不同人的身上有主次之分。他认为社会化程度与心理意识发展水平低的人，以低级的需求为主，社会化程度与心理意识发展水平高的人，其主要的需求是高级需求。

马克思主义关于人的需要理论的观点与马斯洛的人的需求层次理论的观点既有一致的部分又有显著差别。对于大学生需求的研究不论从马斯洛的需求层次理论还是马克思主义关于人的需要理论出发，我们可以对大学生的需求得出以下认识。其一，大学生的需求是产生大学生学习行为的前提。思想政治理论课教学要让学生产生获得感，必须让学生有学习的行动，学习的行动的产生则是以学生有学习思想政治理论课的需求，也就是让学生产生"我要学"思想政治理论课的心理需求，才能真正产生积极的学习行为，从而产生获得感。所以要激发和满足大学生的需求，才能产生大学生对思想政治理论课的获得感。其二，就大学生对思想政治理论课需求层次的划分来看，它是属于高层次的需求，虽然马克思主义关于人的需要理论与马斯洛的需求层次理论对人的需求层次的划分不同，但是对我们理解大学生学习需求的层次定位并无大的影响，因为大学生成长发展的需求，成为合格的建设者和接班人的目标都已经超过了低层次的需求，换言之，就是大学生学习思想政治理论课的需求是较高层次的需求，因此，对于如何激发学生产生学习思想政治理论课的需求这一较高层次的需求是让学生有效学习产生获得感的重要环节。

（一）大学生成长和发展的需求与期待

当今大学生的需求是各种各样的，大学生期待从思想政治理论课教育教学中满足怎样的需求呢？

第一，获取知识。认知需要是人类普遍的心理现象，作为在高校接受教育的大学生，获取知识是大学生学习行为的最基本的需要。对于 20 岁左右的在校大学生，无论是其年龄阶段还是其实践经历，他们都是一个具有强烈求知欲的特殊群体。他们对外界环境充满了好奇，对个体与外界环境的关系也充满了期待，他们好奇自己在这个世界的位置，好奇个人价值的空间。这种好奇除了通过一般的专业学习获得知识，还需要形而上的马克思主义的价值观方法论的引领和指导。在思考人生价值、人生目的的时候希望有更正确的理论支撑。

第二，释疑解惑。大学生在日常生活中已经经历了许多直观的感受和经验。这些感受和经验是直觉的、朴素的，一般需要得到理性的验证，以寻求认识的深化。与此同时，大学生在日常生活中往往也会产生思想上的困惑和犹疑，不能作出认可性的选择，会感到不安、迷茫和烦躁，他们当然需要寻求解除困扰和解脱的方法。思想政治理论课教学无疑是他们解惑的一个途径。在教育者所提供的思想政治观点和理论知识中，反观自我、验证自我，使其自身思想存在的合理性得到证实，使自己的问题和困惑得到解释。

第三，政治参与。在现代文明社会中，人们对社会政治生活的关心度、政治参与和政治责任感都不断加强。在当代大学生中也普遍关心政治生活，并通过各种形式参与政治生活。为了提高大学生政治参与的质量，无论是学校还是大学生自己都已经意识到高校思想政治理论课和思想政治教育的作用，通过思想政治理论课教学可以提高大学生的政治素质和政治参与的能力。

第四，思想品德的优化。人与一般动物不同，在于人是有思想的。人除了要考虑衣、食、住、行等生存的需要外，还需要有思想道德等更高层次的需求。大学生是社会主义事业的建设者和接班人，是国家和民族的希望，大学生对个人价值的实现和品格的提升需要思想政治理论课。通过长期的先进思想和先进道德的学习，使自己成为品德高尚、理想崇高、人格健全、意志坚强的人。

第五，超越发展。大学生希望通过学习，通过实践使个人成长为更加优秀的个体。除了在专业素质技能上的增长，大学生自我价值实现的需要通过学习过程中的自我体验，他们会不断感受到思想政治理论课与自己潜能释放和自身价值实现的关联性。这种关联性会从根本上激发大学生的动力和需求。大学生希望通过思想政治理论课的学习，寻求个人突破自我价值发展的需求。

作为不断成长和发展的个人而言，大学生是有强烈的需求的，这既是一种物质文化需要又是一种精神文化需要，也是人的自我实现的需要，它既是社会的需要，也是自我实现层次较高的需要。在当前的社会发展情势之下，大学生都有一个实现自我价值的强烈需要。

大学生的需要是其学习并产生获得感的内在驱动力，但这个学习活动不是一个自发的过程，完全由大学生内在需要来决定的，不以外界环境变化而转变的。而事实恰恰说明，大学生内在学习的需求是可以被外界环境影响的。例如，我们可以在媒体的宣传中看到某高校某寝室的全部成员通过了硕士研究生招生考试等典型事件，学生的学习需求和学习行为可能就是受到宿舍成员的相互影响。因为任何一种学习活动都不可能完全孤立存在和进行，必然是在处于一定的社会环境中进行的，不可避免地受到外在的社会要求和规范的影响。比如当前诸多高校成立了创新学院或开设了创新课程，这就是受到外部环境的影响。高校思想政治理论课教学目标的设定中本身就包含对大学生的主体需要的考量，包含让学生产生需求的教学目标，即让学生认识个人与社会的辩证关系，认识到学习思想政治理论课的价值，进而成为思想政治理论课获得感的动力。大学生主体的需要是其产生获得感的内在驱动力，而大学生主体的价值观制约和引导着他们的需要意识。从哲学上讲价值是一个关系概念，价值观起着行为导向、评价标准、评价原则和尺度的作用，价值取向是价值观的具体化。也就是说价值取向是指主体对价值追求评价选择认同的一个倾向性态度，价值取向，虽然属于个人心理和精神活动的范畴，但其中却沉淀着社会政治经济和文化影响因素，包含复杂的社会内容，价值观和价值取向对接受主体的接受活动起着价值引导的作用。大学生在经历了小学、中学的系统教育后，已获得了基本的文化科学知识、一定的社会政治观点、理论体系和道德规范，在社会化的过程中，已逐步形成了自己的思想观点、行为习惯，对周围事物的评价判断中已有较为稳定的观念，可以说大学生在入学时就已经形成了一定的价值观念，大学期间他们在接受高等教育的环境下广泛接触到各种中外文化思想思潮、社会信息，经过选择评价、舆论导向、情感体验和实践行为的强化，继续形成、丰富、深化或改变某种价值观念。当代大学生的价值观念具有兼容性、多样性、不确定性和矛盾性等特点。大学生主体的价值观的这种特点深刻影响着他们的需要意识，大学生成长和发展的需求也具有多样性、不确定性和矛盾性。

（二）大学生对思想政治理论课学习需求的现状

根据马克思关于人的需要理论中关于需要的层次的划分，大学生对思想政治理论课的需要对马克思主义理论学习的需要属于高层次的需要。

自马克思主义传入中国以来，青年学生始终是学习、宣传和践行马克思主义的重要群体。青年学生具备接受马克思主义的有利条件，当代大学生更有着独特的优势。

第一，大学生思想主流是积极、健康、向上的，他们对实现中华民族伟大复兴的中国梦是高度认同的，个人梦想与国家、民族梦想同向同行，他们愿意为实现个人梦想和中国梦而奋斗，他们意识到在建设社会主义现代化强国的过程中所肩负的责任和使命，反映出大学生存在学习思想政治理论课的内在动机。

第二，大学生思想活跃，追求真知、渴望成才，具备接受思想政治理论课理论体系的内在驱动力。大学生具有强烈的探索新知的愿望，既包括他们所学专业涉及的理论知识，也包括为他们认识世界和自我提供立场和方法的马克思主义理论。作为思想政治理论课所传递的马克思主义理论体系，思想深刻内容丰富，与现实问题结合紧密，在改革开放和社会主义现代化建设取得重大成就的新时期里成长起来的当代大学生需要更加深刻地理解马克思主义理论和马克思主义理论中国化的最新成果，在大学阶段正是可以通过思想政治理论课的学习，达到释疑解惑、满足个体对真理追求的需要。

第三，大学生具有较强的思维能力和比较丰富的科学文化知识储备，使之具有接受高校思想政治理论课理论学习和内化的基础和能力。大学生群体具有较强的学习能力和思维能力，能够独立思考和判断，具备一定的运用马克思主义理论分析问题的能力，世界观、人生观、价值观也已初步形成。另外，通过小学、初中、高中阶段的科学文化知识的学习，大学生已经构建了一定的科学文化体系，能够理解并运用马克思主义基本原理和中国化马克思主义理论，具备了系统掌握思想政治理论课基本理论的素养。

第四，大学生满足需求的渠道多样，丰富的网络资源有助于大学生掌握各种知识和生活技能，改变了大学生的思维和行为模式。对大学生来讲，网络不是一种工具，而是一种生活环境，网络已经深刻融入当代大学生生活之中了。网络实现了对信息资源的收集和检索，构建了人类文明全人类共享的平台，由此，网络搜索成为大学生解决学习问题的首选途径，这就形成当代大学生学习行为和习惯与以往大学生的显著区别，当代大学生思维的发散性更为显著，知识面比较宽，分析问题的思路比较开阔，但是深度工作能力在削弱，思考的深度不够等。网络一定程度上满足了大学生对学习的需求，也带来对其学习方式和习惯的深刻影响，因此有利有弊。

第五，当前大学生对思想政治理论课的需求有些被遮蔽。大学生接受高等教育的需求的功利性不可避免地反映在对思想政治理论课的学习上，甚至更为突出。再加上当前社会思潮复杂多样，大学生在接受这些信息时甄别能力较差，容易人云亦云，从而形成与主流价值观相偏离的世界观、人生观、价值观，这是相当危险的。另外大学生对网络的依赖性也带来其学习方式转变，对思想政治理论课教学权威有质疑，削弱了大学生对马克思主义理论学习的需求。

二　大学生思想政治理论课获得感生成的可能性

（一）思想政治理论课的可获得性

马克思主义不仅是科学理论，更是我们行动的根本指导思想。高校思想政治理论课教授的基本内容就是马克思主义理论，包括中国化的马克思主义理论。广义的马克思主义包括马克思列宁主义和马克思主义中国化的理论成果，具体来讲就是包括毛泽东思想、邓小平理论、"三个代表"重要思想、科学发展观和习近平新时代中国特色社会主义思想。马克思主义理论是科学的理论体系，它具有科学性、创新性、先进性，它的内容涵盖面广、理论深邃，是关于整个人类社会发展的科学规律的理论体系。就思想政治理论课的课程性质而言，思想政治理论课就是对大学生进行系统的马克思主义理论的学习，使其掌握马克思主义的基本立场、观点和方法，能够运用马克思主义去分析和解决问题，引导学生树立高尚的理想情操和良好的道德品质，以及理想情操和良好的道德品质的价值标准和行为规范，帮助大学生了解国史国情，深刻领会历史和人民为什么选择了马克思主义，选择了中国共产党，选择了社会主义道路，对大学生进行党的路线方针和政策的教育。大学生思想政治理论课获得感生成的可能性在于思想政治理论课具有可获得性，这种可获得性在于它的理论之美、理论之善和理论之用。

第一，思想政治理论课传播理论之美。马克思主义理论的美是指马克思主义理论所反映的内容具有真理性、规律性。按照马克思所说的"理论只要说服人，就能掌握群众"，可以看出，理论并不是天然能掌握群众的，它需要能说服群众，只有把握了事物发展变化规律，具有"彻底"性的理论才能被群众接受。而马克思主义正是抓住了"事物的根本"的理论，它必定可以说服人，掌握群众。马克思主义是一套完整的科学的理论体系，是我们的行动指南。马克思主义理论具有与时俱进的理论品质，尽管一百多年来，世界形势发生了显著变化，但是马克思主义依然具有勃勃生机，因为它深刻揭示了人类社会发展的基本规律。马克思主义的基本理论永远是指导人们认识世界和改造世界的最根本的科学理论。任何一个立志要实现个人价值的青年学生一旦理解了马克思主义理论的彻底性，一定会认同之，奉行之。

第二，思想政治理论课宣扬理论之善。马克思主义之所以历久弥新，永葆青春和活力，其根本原因在于它具有彻底的科学性，而与时俱进的创新是彻底的科学性的必然要求。马克思主义揭示了人类社会发展的基本规律，虽然现实情况发生了变化，但因为马克思主义不是教条，而是不断与时俱进的科学体系，正如恩格斯所说，"这些原理的实际运用，正如《宣言》中所说的，随时随地都要以当时的历史条件为转移"①。马克思主义的创新性表现在不断解决时代提出的课题上。无论是马克思主义科学体系的创立的社会历史现状，还是自其产生的近两百年时间里人类社会的发展现实，马克思主义理论的形成和发展就是理论同实际不断产生矛盾，并解决矛盾的过程，在不断解决时代所提出的新课题的过程中，实现了马克思主义理论的不断发展。在我国新民主主义革命、社会主义革命、改革和建设的过程中，正是这样不断产生新的矛盾，解决矛盾，进而推动了我国的社会发展和马克思主义理论的不断创新发展。马克思主义理论的这种不断发展完善的创新性必将使学习它的青年大学生看到它的强大生命力和理论魅力，并将推动广大大学生对它的信仰和追崇。

第三，思想政治理论课讲授理论之用。习近平总书记在纪念马克思诞辰 200 周年大会上的重要讲话中指出："实践的观点、生活的观点是马克思主义认识论的基本观点，实践性是马克思主义理论区别于其他理论的显著特征。"② 马克思主义在实践的基础上创造性地揭示了

①《马克思恩格斯选集》第 1 卷，人民出版社 2012 年版，第 376 页。

② 习近平：《在纪念马克思诞辰 200 周年大会上的讲话》，人民出版社 2018 年版，第 9 页。

人类社会发展规律，是通过革命实践实现人民自身解放的思想体系，在实践的基础上不断探索创新，马克思主义理论具有实践性。在马克思主义中国化的过程中，实现了理论与实践的结合，高校思想政治理论课讲授的中国化马克思主义及其最新的理论成果，正是最典型的回答。大学生学习思想政治理论课，学习马克思主义理论不仅仅能够背诵记忆其内容，更要能够学以致用，用马克思主义基本原理去分析解决问题。

综上所述，马克思主义理论的美、善、用使它能够满足社会进步和人的全面发展的需要，是其能产生获得感的可能性的具体体现。青年学生一旦真正把握了马克思主义的科学理论和精神实质，必然会产生理论认同，进而产生理想信念的坚定和实际行动的转变的获得感，这才是思想政治理论课教学效果的最佳体现。

（二）思想政治理论课具有使大学生产生获得感的优势

高校思想政治理论课具有其独特的优势，使其对大学生能够产生深远影响。因此，充分发挥其优势，是推进适合大学生特点的高校思想政治理论课教学改革、增强当代大学生思想政治理论课获得感的一项新课题。总体而言，高校思想政治理论课具有在教师队伍上、课程建设上和育人环境上使大学生对其产生获得感的优势。

首要的优势在于高层次教育者。教育者在大学生思想政治理论课获得感生成过程中占据至关重要的位置，思想政治理论课与大学生之间作用的产生需要教师的教育教学活动的开展。教育者要给受教育者一瓢水，教育者自己首先要有一桶水，教育者首先是受教育者，当前思想政治理论课教师和教学机构建设已经取得重大成就。

一是具有不断健全的教学科研组织机构。机构设置是思想政治理论课课程建设和学科建设的组织基础。新中国成立以来，特别是改革开放以来，我国非常重视思想政治理论课课程建设，教学组织不断完善，尤其是党的十八大以来，对高校思想政治理论课教学的机构设置提出了明确要求，要求成立独立的教学二级机构，并明确其基本职能，并不断加强对思想政治理论课教学单位的建设。这为思想政治理论课课程建设提供了基本的保障。

二是提升加强了教师队伍建设。思想政治理论课教师队伍规模不断扩大，一支以专职为主、专兼结合的思想政治理论课教师队伍正在形成。据统计，截至 2016 年年底，全国高校专兼职思想政治理论课教师共计 66378 人，其中专职教师 45818 人，占 69.03%，兼职教师 20560 人，占 30.97%。① 思想政治理论课教师队伍的学历结构进一步优化。调查显示，2014 年至 2016 年，参加调研的高校中具有博士学位的思想政治理论课教师占比逐年提高，同比分别提高 4.4%、2.0%、2.49%。② 而且对思想政治理论课教师的培训培养体系基本形成。聚焦高校思想政治理论课骨干教师、新进教师等全方位、立体化、多层次的国家示范培训、省级分批轮训、学校全员培训的三级培训体系已经形成。

最坚强的优势是不断增强的思想政治理论课课程建设力度。思想政治理论课课程体系是一整套系统的体系设置，在课程设置、教材编写、平台建设与科学研究上多方位的系统构成。这就产生了课程建设对课程教学的强有力的支撑。

第一，思想政治理论课有着独特的政策优势。思想政治理论课在高校教学体系中具有特殊地位和优势。据不完全统计，1978 年以来，尤其是党的十八大以来，党中央特别重视高校思想政治教育和思想政治理论课建设，出台了一系列重大方针政策，发布了 30 多个关于高校思想政治理论课建设的文件，为思想政治理论课开创了发展的大机遇。党中央加强了思想政治理论课的顶层设计。高校思想政治理论课"05 方案"实施以来，特别是党的十八大以来，在以习近平同志为核心的党中央的坚强领导下，出台了一系列重大方针政策。一是高规格谋划高校思想政治理论课建设。中共中央、国务院连续印发了《关于加强和改进新形势下高校思想政治工作的意见》和《关于深化新时代学校思想政治理论课改革创新的若干意见》，为新时代思想政治理论

---

① 《九成大学生思想政治理论课上收获多》，《中国教育报》2018 年 1 月 20 日第 4 版。

② 艾四林、吴潜涛：《高校马克思主义理论学科发展报告（2016）》，高等教育出版社 2017 年版，第 75 页。

课建设提出了高规格的指导意见。二是规范了高校思想政治理论课建设的标准。教育部先后颁布了《高等学校思想政治理论课建设标准》《马克思主义学院建设标准》。这两个标准对高校思想政治理论课建设提出明确的规范，为思想政治理论课建设的长远健康发展奠定了基础。三是推进思想政治理论课建设的重点突破。中共中央和教育部针对思想政治理论课建设的实际状况有针对性地出台了一系列的文件，如《普通高等学校思想政治理论课教师队伍培养规划（2013—2017）》《高校思想政治理论课教学方法改革项目"择优推广计划"实施方案》《"新时代高校思想政治理论课创优行动"工作方案》等。

第二，有高质量的马克思主义理论研究和建设工程，为大学生学习思想政治理论课提供了有利条件，学科建设为课程建设提供重要理论支撑和研究平台。马克思主义理论研究成果不断丰富，学术研究一片繁荣景象。比如学科点的评估和建设，以评促建，把马克思主义学科作为重点学科建设，学科建设更规范，成果更多。各门思想政治理论课的教学指导委员会对课程建设作出了重要贡献。教材建设也是借助了马克思主义理论研究和学科建设的成果，教材质量较高。从思想政治理论课教学的各个环节来看，离不开马克思主义理论建设。

第三，思想政治理论课建设成果进一步推广。一是形成了一批思想政治理论课教学的优秀成果，各地、各校、各门课程在前期积累的基础上，产生一批关于思想政治理论课教学方法改革的有益经验总结。二是加大了对成果的宣传推广。近年来关于教学项目的"择优推广计划"、课程的教学展示比赛、国家社科基金单列的思想政治理论课专项等等，都为思想政治理论课建设成果的进一步提炼和推广增添了动力。

最广泛的优势是具有协同效应的学校育人环境优势。当前形成的"大思政"格局，为思想政治理论课建设提供了支持保障，为大学生产生思想政治理论课获得感营造了良好的氛围。

一是保证思想政治理论课在学校教育教学体系中的地位。高校思想政治理论课在高校思想政治教育的主渠道和关键课程。为确保思想政治理论课的地位，党中央出台文件明确要求高校党委书记是思想政治理论课建设的第一责任人，贯彻落实思想政治理论课建设的政治责任和领导责任，这为思想政治理论课建设提供了重要的组织保障，真正落实思想政治理论课在学校教育教学体系中"第一课"的建设地位。

二是加大对思想政治理论课建设投入力度。对思想政治理论课的重视是落实到人、财、物的具体支持上。党中央多次出台文件强调落实给思想政治理论课的各项专项经费的数额与管理。高校要保证思想政治理论课教学科研机构正常运转的各项经费充足，本科院校按在校本硕博全部学生总数平均每生每年不低于 20 元，专科院校平均每生每年不低于 15 元的标准提取专项经费，用于思想政治理论课教师学术交流、实践研修等，并随着学校经费的增长逐年增加，在经费上为思想政治理论课建设提供了保障。

三是同向同行的主渠道保障。在发挥思想政治理论课作为德育教育主阵地和主渠道作用的同时，让所有课堂都肩负起育人功能，让每位教师都守好一段渠、种好责任田，都承担育人责任，打破思想政治理论课教师"单兵作战"、大学思想政治理论课"孤岛化"窘境，把思想政治工作贯穿教育教学全过程，实现全程育人、全方位育人。

四是加强校园文化育人的优势。作为大学生生活学习的主要场合——校园，其文化氛围对大学生产生和固化对思想政治理论课的获得感有较大影响。高校校园文化要与思想政治教育相一致，校园文化建设是思想政治工作的一个组成部分。高校校园文化应当弘扬主旋律，在文化活动中对学生进行思想政治教育。思想政治理论课教学在这样一种校园文化环境中，会使增强学生获得感事半功倍。当前实施的青马工程等卓越马克思主义理论人才培养计划等，不断引导和鼓励学生通过自我学习、自我教育的方式拓展课堂教学成果。

第二章 大学生思想政治理论课
获得感的维度与特性

对大学生思想政治理论课获得感的理解和使用不能仅仅停留在一个约定俗成的习惯用语上，大学生思想政治理论课获得感层次丰富、各要素间关系复杂，在这个复杂的过程当中，至少存在着获得感的主体大学生、获得的客体（高校思想政治理论课）、环境等多个基本要素相互联系、相互作用构成的复杂的运动过程。本章将借鉴接受理论和马克思主义需求理论，对大学生思想政治理论课获得感进行解构，为后续研究及实践上提升大学生思想政治理论课获得感作理论铺垫。

第一节 大学生思想政治理论课
获得感的维度

大学生思想政治理论课获得感是一个内涵丰富且具有层次性的本土化概念。大学生思想政治理论课获得感的提出，明确了高校思想政治理论课教学改革的教育目标，也解决了教学质量、教学改革评价标准的问题，为进一步加强和改进思想政治理论课教学提供了一个突破口。

一 理论知识习得的满足感

就思想政治理论课开设的目的而言，其根本任务是对大学生进行系统的马克思主义基本原理和中国化马克思主义理论的教育，坚定大学生"四个自信",并使之能够运用马克思主义的立场、观点和方法发现问题、分析问题和解决问题。就思想政治理论课的理论性而言,思想政治理论课教学传授理论知识是其必然的功能。

从受教育者个体需求来讲,学生对课堂教学的首要需求是增加知识、增强思辨能力、提升理论水平,解决如何看待国内外一些重大现实问题,期望通过思想政治理论课提升自己认识问题、分析问题的能力。学生可能产生的恍然大悟感觉,可能产生拓宽了知识面的感觉,在思想政治理论课的学习过程中,这类获得是最明显的,由理论知识的习得而产生的满足感也是最容易感知的。

二 情感体验的共鸣感

大学生评价自身在思想政治理论课中的获得不可避免地带有主观性,而这种主观性在情感体验层面上最为明显,这种主观意愿上的"我喜欢""我愿意",对思想政治理论课获得感的整体提升都有效用。

这种情感上的获得感来自于两个方面。一方面来自于授课教师。思想政治理论课这一自在客体与大学生主体发生关联的关键中介就是思想政治理论课教师,大学生对思想政治理论课的评价究其根本在评价授课教师,学生从思想政治理论课上最直接的主观感受来自于教师,教师人格的魅力、语言的魅力、理论掌握的魅力和逻辑推理的魅力对学生的影响是不言而喻的。对大学生来讲很可能出现因为一位教师而喜欢上一门课的情况,也会出现在言行上模仿教师的情况。思想政治理论课教师以言传身教影响学生,让学生有情感上认同、喜欢、信赖的主观体验。

另一方面来自于学生对思想政治理论课的参与度。大学生在思想政治理论课上的主体作用的体现与发挥直接影响学生对思想政治理论课获得感的评判,学生参与到思想政治理论课教学活动中,这种在思想政治理论课教学活动中的主体作用的发挥会给学生带来主观情感上被重视和被尊重所带来的满足感,进而激发学生学习的主动性,从"要我学"到"我要学"的转变正是获得感激发了需求。在实际访谈中就有学生认为由于他在思想政治理论课中参与的互动，思想政治理论课为他提供了表达的平台而产生了对思想政治理论课更加重视的转变。

三　坚定理想信念的充实感

高校思想政治理论课的核心任务是理想信念教育，使学生树立马克思主义理想信念，树立正确的世界观、人生观和价值观。大学生理想信念是否坚定，是衡量大学生获得感的重要内容。习近平总书记在全国高校思想政治工作会议上强调，"要教育引导学生正确认识世界和中国发展大势，从我们党探索中国特色社会主义历史发展和伟大实践中，认识和把握人类社会发展的历史必然性，认识和把握中国特色社会主义的历史必然性，不断树立为共产主义远大理想和中国特色社会主义共同理想而奋斗的信念和信心"①。

对于大学生来讲，科学的理想信念的树立可以让他们建立起正确的人生目标，激发前进动力，从而增强获得感。当大学生通过思想政治理论课教学开始思考人生的价值、世界是怎样的、我该怎么办这类问题时，已经开始有了思想政治理论课教学的影响了，当学生试图回答这些问题甚至是找到答案，就是理想信念的形成了，坚定了理想信念会让大学生更加自信，这种获得的充实感会激励学生更加奋发有为。

当然这种获得感比较隐性，是间接获得感，大学生本身可能无法及时察觉或者巩固。

四　行为习惯养成的成就感

思想政治理论课是培养中国特色社会主义事业合格建设者和可靠接班人的主渠道，高校思想政治理论课的教育目标实现与否还是要看大学生的实践活动，看大学生能否掌握马克思主义的基本立场、观点和方法，更要求学生能够运用其立场、观点和方法去观察问题、分析

① 《习近平谈治国理政》第2卷，外文出版社2017年版，第377—378页。

问题和解决问题，是否成为中国特色社会主义事业的建设者和接班人。这种实践行为的转变是大学生从高校思想政治理论课中得到的"终极"获得。不仅是思想政治理论课教学的最终目的，也是大学生成长发展的需要和期待，最终落脚到实践上来，大学生思想政治理论课获得感是大学生成长发展的需要与思想政治理论课意识形态规定性的有机统一。

这种获得感的形成需要经受时间和实践的考验。在行为习惯的养成规律上来看，由思想政治理论课教学带来的理论认识转化为道德品质，产生道德行为，就需要一个过程，这种过程被意识到并被归因为高校思想政治理论课教学又是一个不可预知的情况。有时这种行为养成的成就感在教学过程中就可以显现出来，有时需要特定事件和场景才能激发出这种获得感，而且这种获得感还可能时强时弱具有反复性。总体来讲这种获得感是间接获得感，是需要大学生对思想政治理论课教学的内容和获得进行加工转化的。

第二节　大学生思想政治理论课
获得感的内在特性

一　主观性

归根结底，大学生思想政治理论课获得感是大学生对获得的心理体验，是大学生主体对"获得"的感知。大学生的"感"具有主观性，大学生思想政治理论课获得感是大学生对思想政治理论课获得的主观心理体验，即大学生对思想政治理论课的内容"内化于心，外化于行"，并对此有察觉和认识。具体地说，大学生思想政治理论课获得感是大学生对从思想政治理论课中取得的"获得"的主观反映，是在自身、思想政治理论课、教学活动的相互作用过程中，思想政治理论课的部分信息被大学生习得，大学生依据自己的反映形式对之进行加工的信息变形过程。问题在于，反映的内容与被反映的客体的属性既有联系又有区别，具体来讲就是，大学生从思想政治理论课中的获得与思想政治理论课并不是完全同一的，大学生从思想政治理论课中的获得可以脱离思想政治理论课属性相对独立。大学生思想政治理论课获得感的客观存在才使得我们对于思想政治理论课获得感的研究成为可能。所以这种获得感具有主观性和客观性。大学生思想政治理论课获得感随着思想政治理论课不断学习和深入研究的过程，也会影响思想政治理论课教学，影响思想政治理论课教学的另一主体教育者。在教学活动，教育和受教育的实践活动中，大学生对思想政治理论课获得感也在不断变化、发展，实现个人需求与思想政治理论课教育目的的统一。

二 能动性

在思想政治理论课教学过程中，大学生对思想政治理论课获得感所选择、理解、整合、获得的信息都是出于其自身的需要，这就体现了大学生思想政治理论课获得感的能动性。在同一个思想政治理论课课堂上，由同一个教育者以相同的供给方式提供同样的信息，而在这个课堂里的学生会产生不同的获得感，这就是由于大学生个体会根据自身的需求不同，对供给产生了不同的"获得"。另外，获得感并不是天上掉下来的，并不是大学生有学习思想政治理论课的需求，就可以产生相应的思想政治理论课获得和获得感，大学生要有参与教学的行动才能有获得感。大学生不能仅仅有成长成才的需求和期待，不能仅仅认为马克思主义理论是指导思想，要践行社会主义核心价值观就可以产生获得，就可以形成共产主义理想信念了，缺乏接受思想政治理论课教学实践活动，这一切都是空想，当然这本身也违背了唯物史观。因此大学生思想政治理论课获得感需要大学生主体的能动性参与。

三 实践性

"知"和"行"是思想政治理论课教学活动关注的两个方面，我们讲的"知行合一"，就是要理论联系实际。思想政治理论课教学活动更加强调要将理论学习内容运用于实践，从道德认识到道德行为。

大学生思想政治理论课获得感不仅包括理论知识的学习和理解，还包括通过理论的学习形成意志情感，并将这些意志情感体现到个体行为上，这就体现了大学生思想政治理论课获得感是一种理论知识性的传播和学习，还有实践性的运用和检验。

实践是思想政治教育的基本途径，思想政治理论课自然包含理论教学和实践教学环节，思想政治理论课的效果也要有实践性，思想政治理论课教学的实际效果要强调知行合一，不仅要学生有所知，还要有所信，更要有所行。实践性要求思想政治理论课教学过程必须要紧密联系社会生活和学生实践，教学结果要在实践中加以运用和检验。

大学生通过思想政治理论课的学习，掌握马克思主义基本理论，运用所学，投身社会主义事业的建设，这就是大学生思想政治理论课获得感。

四　长期性

大学生思想政治理论课获得感具有丰富的层次，它的形成并不是也不可能是一个一蹴而就的过程。

思想政治理论课教学遵循着思想政治教育的规律，遵循着学生成长的规律，大学生思想政治理论课获得感也是大学生在这些规律的作用下产生的对思想政治理论课满足自身成长发展需要和期待的主观心里体验，并不能以一堂思想政治理论课甚至是一门思想政治理论课结束之后来判断获得感是否生成或者获得感的强弱如何。"十年树木，百年树人"，教育功能的发挥不是立竿见影的，作为思想政治教育活动一种主要形式的思想政治理论课教学同样如此。思想政治理论课教学对个人思想政治和道德素养发展的促进影响以及其满足社会需求的作用程度，在教学活动结束之时，并不一定能够立刻体现。教学的实际效果的呈现，需要一定的过程。思想政治理论课的获得过程本身也是一个长期的过程，这种在道德品质、理想信念、行为习惯等的形成和获得比知识理论和技能的掌握需要更多的时间，对这种获得的感受也是一个长期的过程。

五　反复性

大学生成长发展的需要和期待也是一个不断发展变动的丰富的体系，思想政治理论课在大学生获得感生成的过程中并不是持续稳定的存在，多个变量的相互作用下，大学生思想政治理论课获得感具有反复性的特点。可能在某段时间，或者某种情景下，大学生的需求和期待得到了较大程度的满足，获得感强，这种获得感可能没有持续较长时间，或强度减弱甚至是消失，也有可能这种获得会被再次激起获得感。大学生思想政治理论课获得感是一个复杂的系统，在以整体性系统论来看待它时，以发展的、辩证的、普遍联系的观点来看待它时，我们可以理解它反复性的特点。

六　内隐性

思想政治理论课相较于其他课程的教学目的最大的区别在于思想政治理论课不仅要传授理论知识，更要作用于大学生的思想，作用于大学生思想意识、情感态度等意识形态领域，但是这些方面的作用效果往往并不能直接显现出来。即便是可以通过有针对性的交流和行为来反馈，但这些行为表现的真实性、其与思想意识变化之间的正向关联性，都难以准确判断。因此，这种特性决定了不能采用评价一般课堂教学效果的标准和方式来衡量评判思想政治理论课教学的效果。也就是说，不能简单地通过"知道不知道、会做不会做"等来判断学生的思想、情感、意志乃至行为是否达到了教学目标的预期要求。大学生思想政治理论课获得感这种反映大学生的思想、情感、意志乃至行为的指标也不可能仅仅通过量表或者个体行为来判断。

第三章　大学生思想政治理论课
获得感生成机制研究

大学生成长发展的需求和思想政治理论课的功能和属性上具有根本的一致性，大学生思想政治理论课获得感的产生具有显著优势。获得感的各要素之间是相互作用、相互影响的，本章将借鉴接受理论和马克思主义需要理论，对大学生思想政治理论课获得感生成作用机制进行研究。

第一节　大学生思想政治理论课
获得感生成的基本要素

大学生思想政治理论课获得感是一个有层次的动态结构系统。对获得感的主体、客体、介体和环境要进行一个总体的分析和把握。

一　大学生思想政治理论课获得感的主体

"主体"一词是从哲学中引入的，最初是反映人与外界关系的范畴，是具有认识和实践能力的人，这就决定了主体不是孤立的，而是与客体互为规定并处于某种关系之中的。本研究中的主体，是指当代中国大学生，反映了当代大学生这一群体在思想政治理论课教学中的特殊属性、地位与作用，他们既是获得感的主体，也是思想政治理论课教学中的主体，是受教育者。

关于思想政治理论课获得感的主体还应该包括思想政治理论课教

师，只是本书研究的主题是大学生思想政治理论课获得感，因此在本研究中，获得感的主体限定为大学生。

本研究中的当代大学生，是指我国"95"后大学生。大学生所处的这个年龄段是人的世界观、人生观和价值观建构与成型的重要阶段，这个年龄段的大学生无论是当年的"80后"大学生还是现在的"95后"大学生，都具备这个年龄段的青年人共有的心理特征，而与此同时，受到时代特征和社会环境影响，当代大学生表现出一系列的更加具有代表性鲜明的心理特征，如："95后"大学生个性更加鲜明、追求自我、主体意识和参与意识更强。不仅如此，在大数据时代条件下，当代大学生可以说是网络世界的原住民，对理论体系的学习呈现出鲜明的特征，比如自主获取信息的能力更强，与过去的大学生相比，他们更乐于并善于使用网络，当然这与现在互联网技术的发展分不开。大学生能够随时随地获取自己想得到的各种信息，他们的视野往往更加开阔，但是对于网络技术的依赖性也更强。在如此庞大杂乱的信息中，他们对信息的甄别选择能力备受考验。就大学生个体而言，他们既拥有"95后"大学生的共性，同时也在性格特点、心理素质、知识结构及品德基础上各有不同，表现出主体选择性、自觉能动性和自我建构性的差异。这些都对大学生思想政治理论课获得感产生直接影响。

二 大学生思想政治理论课获得感生成的客体

获得的对象和来源是高校思想政治理论课，是获得的客体。本研究的主题是大学生思想政治理论课获得感，大学生获得感的来源是高校思想政治理论课而不是其他的课程，或者是高校思想政治教育和家庭教育。

前文已经对思想政治理论课有了清晰的界定和详细的分析，此处不再赘述。这里的思想政治理论课不仅是开设的思想政治理论课课程，还包括课程建设的各个部分，不仅是概念上的思想政治理论课，还是实践中的思想政治理论课。这里的思想政治理论课是事实客体与价值客体的有机统一。大学生对思想政治理论课的获得感来自于思想政治理论课程，也来自于思想政治理论课课堂。在宏观的层面上，国家开设思想政治理论课的教育教学目标，思想政治理论课的课程属性与大学生成长发展需求和期待之间的价值关系是必定存在的；在微观层面上，思想政治理论课教学课堂，无论是理论教学还是实践教学，其教学供给的内容、方法、载体等不尽相同，但这就是大学生学习的"思想政治理论课"。大学生思想政治理论课获得感是对课程的获得感，也是对课堂的获得感。

三　大学生思想政治理论课获得感生成的介体

大学生思想政治理论课获得感生成的介体就是指联系大学生与思想政治理论课之间的中介因素，主要包括高校思想政治理论课教育教学的方法、手段和载体。广义上的获得感生成的介体是指在思想政治理论课教学过程中发挥了作用的各个群体和他们的教学实践活动，主要包括学校、教师及大众传媒；狭义上的获得感生成的介体是指思想政治理论课教学主导者采用的教育教学手段、方式方法、载体等。

思想政治理论课与大学生之间发生作用不是直接的，而是有中介的作用过程。一定的思想政治理论课教学信息总要通过一定的教学方法和载体，借助传播媒介才能进行传递。而且，一定的思想政治理论课教学内容只有选择了适合的方法和媒介才能达到理性的教学效果。因此介体的选择对教学效果的影响是非常显著的，这也就是说思想政治理论课教学中，获得主体和客体之间的相互作用是通过中介来进行的。在获得感生成的过程中，如果想让大学生普遍产生较高程度的获得感，使思想政治理论课传达的信息和价值为大学生所感知、所接受，必须根据学生需求和教学内容的特点选择介体，增强教学的亲和力和针对性，从而提高思想政治理论课的获得感。

四　大学生思想政治理论课获得感生成的环体

思想政治理论课获得感生成的环体就是思想政治理论课获得感生成的环境，是环绕接受思想政治理论课教学的大学生的周围并对大学生获得感产生影响的客观存在，是对大学生获得感生成有着不容忽视的作用的外部要素。思想政治理论课教育教学活动总是在一定的客观环境中进行，没有这些条件，就不可能进行思想政治理论课教学和建设。社会存在决定社会意识，人们的认识和理解的活动要受所处环境的制约，由此影响大学生对思想政治理论课供给的内容和信息的选择与接受效果。因此，增强大学生思想政治理论课获得感，要积极应对各种外部环境。

大学生思想政治理论课获得感生成的环境有具体性、开放性和发展性的特点。大学生思想政治理论课获得感生成的环境是具体的，而不是抽象的。如果脱离了这些具体的环境和客观条件来进行思想政治理论课教学就会显得空洞乏力，进行思想政治理论课教育教学一定要从具体的环境或客观条件出发，也就是现在常提的"接地气"，笔者认为"地气"就是指具体的现实条件和环境。开放性是指大学生思想政治理论课获得感的环境是开放的，而不是封闭的。这种开放一方面是指大学生思想政治理论课获得感的环境包括微观环境，也包括更广范围的外部宏观环境，内外部环境相互之间的影响是一体的，相互融合的；另一方面是指在当前科学技术条件下，思想政治理论课的微、宏观环境的交流和影响也是没有障碍的。大学生思想政治理论课教育教学只有融入开放的环境、利用开放的条件，思想政治理论课才可能让受教育者更有获得感。思想政治理论课获得感生成的环境是不断发展的，而不是一成不变的。当前的客观环境和社会历史条件总是有其形成的依据，不能割裂历史看待现存的环境和客观条件，也不能静止地看待客观历史条件和环境，而是要随着历史的发展和变化，不断改变和更新对思想政治理论课教育教学环境的认识，让思想政治理论课教学跟上环境变化的步伐。

大学生思想政治理论课获得感生成的环境也分为不同的类型。按照范围来分可以分为宏观环境、中观环境和微观环境。宏观环境主要是指对大学生思想政治理论课获得感产生根本影响作用的社会、政治、经济、文化环境，包括国内外的政治经济文化发展的形势。比如，进入新时代中国经济社会发展取得的巨大成就、中国发展面临的机遇和挑战、马克思主义产生的最新成果——习近平新时代中国特色社会主义思想，这些国内外的政治经济文化发展的状况直接影响着大学生思想政治理论课，也影响着大学生思想政治理论课获得感。中观环境主要是指大学生学习生活在其中，对其思想、行为产生重要直接影响的单位或局部环境，包括家庭环境和校园环境。父母是孩子的第一个老师，父母的价值观、对孩子教育的理念及方式等，先入为主地影响大学生思想政治理论课学习的态度和深度，也影响大学生的思想政治素质。校园环境也是影响大学生思想政治理论课获得感的重要环境之一。校园环境是指大学生在高校学习与生活的物质环境和文化氛围等，它在大学生成长和发展中发挥着重要作用。大学生思想政治理论课获得感生成的微观环境是指思想政治理论课课堂。高校思想政治理论课课堂是大学生思想政治理论课获得感生成的直接场域。大学生思想政治理论课获得感生成的环体按照特质可以分为软环境和硬环境。硬环境是指思想政治理论课获得感生成必要的物质设施和条件，如课堂教学的设备，实践教学的实践基地建设等；软环境主要是指大学生思想政治理论课获得感生成的精神氛围，如社会风气、校园文化，等等。大学生思想政治理论课生成的环境按照介质可以分为现实环境和虚拟环境。现实环境主要是指对大学生思想行为发生影响作用的现实因素，如高校校园、宿舍、家庭环境等。虚拟环境是指随着互联网技术的发展而出现的网络虚拟空间。按照作用可以分为积极环境和消极环境。对大学生思想政治理论课获得感的生成发挥促进作用的环境是积极环境，如发挥"课程思政"作用的专业课课堂就是积极环境。反之，产生阻碍作用的环境是消极环境。

第二节　大学生思想政治理论课获得感生成过程

大学生思想政治理论课获得感是大学生从思想政治理论课中获得的个体成长发展需求的满足而产生的积极心理体验，这种心理体验的生成过程就是遵循"需要—行为—满足—体验"的路线，具体来讲就是大学生有学习思想政治理论课的需要和期待，参与了思想政治理论课教学，教学活动的实践满足了大学生主体的需要与期待，大学生产生了对这种满足的认同。

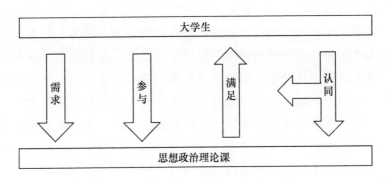

图 3-1　大学生思想政治理论课获得感生成过程

一　大学生的需要是获得感生成的前提

马克思主义认为，人的一切活动都是在追求需求的满足中产生的，一定强度的需求产生动机，动机产生行为，人的需要是实践活动的原动力。人的需求有三个层次，人在低级层次的需要之上产生了新的高层次的需要。需要是受到社会历史条件制约的，不会脱离社会历史条件孤立存在，人的需要在量和质上、横向和纵向上都是不断发展变化的。另外，需要的无限性和扩大性还是后续过程能得以持续性的保证。正是需要的产生与满足促使大学生产生获得感。大学生主体的需要越强烈，选择并接受思想政治理论课教学行为的自觉性与主动性就越高。

在获得感生成的过程中，大学生的需求意识及价值取向会引起大学生不同的学习态度，影响大学生对思想政治理论课传递的具体信息的筛选，从而决定着大学生的获得感的程度。在学习内容的传递过程中，大学生总是有一个对信息的筛选、加工和接受的过程，在这个过程中，大学生选择接受信息的标准为是否符合大学生的兴趣、需要和价值取向，如果符合，则会优先或者更加全面深刻地接受和理解信息，如果不符合，则会无视、忽略甚至是排斥相关信息。而且，大学生对思想政治理论课不同的需要，会产生不同的学习态度和学习效果。其实思想政治理论课教师对此应该深有感触，如果学生是出于追求真知的需要而学习，其学习态度往往是积极的、主动的；如果只是出于通过考试或者获取一定分数的需要，学习的态度往往功利性较强。同理，如果大学生对思想政治理论没有需求和兴趣，那么肯定不是主动或愿意学习思想政治理论，如果大学生具备的知识储备和结构不能够很好地理解和接受思想政治理论，表现出来的行为一定是是对思想政治理论课的排斥和敷衍。大学生对思想政治理论课的需求对获得感的影响很大，往往会造成大学生客观上从思想政治理论课中产生了"获得"却从主观上不能意识到这种"获得感"。因此，教育者需要充分考虑大学生的多层次需要，促进大学生不断调节自身状态，形成对思想政治理论的强的需求，对思想政治理论课获得的积极心理体验才可能发生和顺利进行。

二　大学生的参与是获得感生成的关键

大学生在意识中对思想政治理论课有了心理预期和信息处理之后，会在行动上有所表现，具体表现为对思想政治理论课教学的参与程度。只有通过参与教学的实践才能检验其对思想政治理论课的预期是否正确。当然这种参与实践可能是到课堂上认真听课、积极思考，也可能是参加课堂互动和各种活动，但参与程度的不同，获得感也不同。

在获得感生成的过程中，大学生参与思想政治理论课的形式和程度是有很大差异的，不同的参与会影响大学生思想政治理论课的获得也就是满足的程度，以致对获得的感知程度。在获得感生成的过程中，总是那些更多参与教学过程的大学生能够对思想政治理论课传递的信息有更多的思考；总是那些更多将教育内容与自身发展成长相融合的大学生能够产生更大程度的满足；总是那些在学习中更发挥主体功能的大学生对教学内容和形式有更多创新和拓展。而且，参与的行为反过来也会对需要产生影响，进一步调整大学生对思想政治理论课的需要。所以我们会看到越是积极参与思想政治理论课教学的学生越对思想政治理论课的功能和价值有更多的需要和更高的期待。因此，教育者需要充分重视大学生在思想政治理论课教学中的主体功能，调动大学生参与教学的积极性，创新参与形式，搭建参与平台，让大学生有更多的参与机会，就会有更强的参与感。

三　大学生的满足是获得感生成的基础

满足是思想政治理论课教学实践行为对大学生需求和期待的反映。需求的满足就是获得，是主体产生获得感的基础。要产生获得感必须有获得，没有获得是无法产生获得感的，获得是获得感产生的必要但不充分条件。

大学生对思想政治理论课的预期，实质上是从自身的需求出发的，有什么样的需求就有什么样的预期，如有社会人际关系的需要，就会产生关于处理人际关系相关思想信息的期待；有就业、择业的需求，就会产生获得有关就业择业的思想信息的期待。需要满足的程度越高，大学生获得感越强。

四　大学生的认同是获得感生成的根本

思想政治理论课的任务就是对大学生进行马克思主义理论的教育，用马克思主义武装大学生，让学生树立正确的世界观、人生观和价值观。要达到这样的目的，需要大学生的认同，在大学生对马克思主义理论产生认同的基础上，才可能将马克思主义理论内化于心，外化于行。因此，要实现这一转化根本在于获得大学生的认同。大学生的认同是获得感生成的根本。大学生的认同是大学生对思想政治理论课学习实践和获得感的结果，真正意义的思想政治理论课的获得感由此生成。

第三节　大学生思想政治理论课
获得感生成机制

《现代汉语词典》中对"机制"一词的一种解释为：是有机体的

构造、功能及其相互关系。大学生思想政治理论课获得感生成机制是指大学生对思想政治理论课获得感的生成过程中各个影响因素及其相互关系。大学生思想政治理论课获得感的生成是大学生与高校思想政治理论课教学活动之间互动的过程，这一过程受到多方因素的影响，包括思想政治理论课教师、大学生、思想政治理论课内容、课堂环境等要素。这些因素如何作用在大学生思想政治理论课获得感的生成中，又有怎样的作用效果呢？本节将试图探讨当前大学生思想政治理论课获得感的生成机制。大学生思想政治理论课获得感的生成是一个内外部机制共同作用的结果。内部机制是指在高校思想政治理论课教育教学系统中获得感生成的机制；外部机制则是在思想政治理论课教学过程以外的思想政治理论课获得感生成的机制。

一 大学生思想政治理论课获得感生成的内部机制

大学生思想政治理论课获得感生成的内部机制是指在思想政治理论课课堂教学活动中，各个要素的工作原理和相互关系，即在上文分析的大学生思想政治理论课获得感生成过程中各要素的相互关系。

（一）增强大学生思想政治理论课获得感的基础是教师掌握大学生成长发展的需求

大学生产生对思想政治理论课获得感的前提是大学生有对思想政治理论课教学的需要，而作为客体的思想政治理论课如何反映大学生的需求呢？第一步是要了解大学生的需求，最终是要满足大学生的需求。

当代大学生成长发展需求多元而内隐，较之以往的大学生而言，在社会思潮多元、人际关系复杂、社会竞争激烈的现实条件中，当代大学生的需求变得更加多元复杂。就大学生个体而言，每个大学生的成长需求和期待也不同，因为不同的大学生的家庭条件、教育经历、个人主观努力程度都存在差异，即使是家庭环境和学习经历相同的双胞胎，他们对自身成长发展也会有不同的需求和期待。因此，要想上好思想政治理论课，就要在把握学生成长需求和期待上下功夫，把准备工作做足。作为教学的准备工作就是备课，备课不仅包括教学内容，还包括了解学生、研究教法等多个环节，其中学生是备课的重要部分，只有通过深入细致地了解学生，进行"学情"分析掌握学生的需求和期待，才算是进行了充分的备课。学生成长和发展的需求包括显现的需求和潜在的需求，这就要求我们既要了解和掌握学生表现出的成长发展的需求，也要发现和掌握学生潜在的发展需求。一方面，思想政治理论课教师要掌握学生显现的成长需求和期待。思想政治理论课教学要充分把握经济社会发展形势和大学生的个性特点、思想状况，掌握学生现实的需求和期待。这种显现的需求基本上是一种共性的需求，有些需求已经通过其他形式表达了出来。另一方面，思想政治理论课教师还要掌握学生潜在的成长发展需求和期待。有些需求和期待是潜在的、内隐的，隐藏在学生内心深处，只有在一定的条件下才可能显现。教师要发现和把握学生潜在的成长发展需求和期待，就必须真心关爱学生、观察学生，与学生交朋友，在相互交心中发现和掌握学生潜在的需求和期待。

思想政治理论课教师只有先掌握了大学生的需求才能提供以最适合的方式有针对性地提供教学内容，才能满足学生成长发展需要，让学生产生获得感甚至是强烈的获得感。

（二）增强大学生思想政治理论课获得感的重点是增加教学有效供给

当前思想政治理论课的教学供给在党和人民的高度重视下无论是"量"还是"质"上都取得了明显的进步，但是仍然存在"配方"比较陈旧、"工艺"比较粗糙、"包装"不那么时尚的问题，解决这些问题，是当前增强大学生思想政治理论课获得感的重点。在掌握了学生成长发展需求的前提下，增加思想政治理论课教学的有效供给是我们改革的重点。

思想政治理论课教师已经掌握了大学生的需求，如何回应大学生对思想政治理论课的关切呢？最好的回答是增加思想政治理论课的有效供给。在思想政治理论课教学中，教师要依据学生成长发展需求和期待，在确保教学目标实现的基础之上，优化教学内容，增加教学供给的有效性，增强思想政治理论课教学的针对性。

当前思想政治理论课的供给总体上来讲不是供给不足的问题，而是供给不对应不匹配的问题。思想政治理论课供给上出现的问题主要有：一是思想政治理论课教学供给与学生需求对接不良，即思想政治理论课教学供给并非是大学生所需要和期待的，大学生迫切需要或长期需要的思想政治理论课不能及时或适时供给。比如，思想政治理论课教学内容没有实现教材体系向教学体系的转化，没有紧密结合现实，教学供给就比较空洞，高高在上没有接地气，不能满足学生需求。二是思想政治理论课教学供给低效与过量，即对同一个问题重复施教，或对学生容易掌握的内容投入过多供给。在思想政治理论课教学实践中，教学内容的重复现象比较突出，高校思想政治理论课教学内容部分与中学政治课内容重复，高校本科生开设的五门思想政治理论课程之间也有重复。类似这种过量的重复施教，不但不能激发学生对理论学习的热情，甚至可能让学生产生对思想政治理论课的质疑。三是思想政治理论课教学有效供给不足，即思想政治理论课教学中既有理论性又有时代性、既有严谨性又有生动性的教学供给不足，不能完全满足学生需求。受到各种条件的限制，如课时、教师的知识结构、教室硬件等的限制，部分优秀的教学成果和方法不能得到普遍的推广，全国大学生目前还不能"同上一门思想政治理论课"。

（三）增强大学生思想政治理论课获得感的关键是教师

在思想政治理论课的教学中，掌握了学生的成长需求，根据思想政治理论课开设要求，备好了课，如何实施教师是关键。同一门思想政治理论课由千千万万位教师讲出来就是千千万万节思想政治理论课，这其中关键还是教师。

思想政治理论课教师对学生了解的程度，对教学内容的熟悉程度，对教学方法和教学过程的掌控能力都直接影响着大学生对思想政治理论课的获得感。从某种程度上来说，大学生对思想政治理论课的评价是对特定教师讲授的思想政治理论课的评价；大学生对思想政治理论课的获得感，不是对所有思想政治理论课整体的获得感，也不是对抽象的思想政治理论课的获得感，而是具体到一门由某位思想政治理论课教师讲授的思想政治理论课的获得感。

思想政治理论课教师要真正关注学生，既了解大学生群体的共性，又了解授课课堂的学生的特性，才能增加教学的有效供给。思想政治理论课教师要注重理论知识的学习，对教授的马克思主义理论的内容要熟悉，融会贯通，旁征博引，增加教学的理论性，激发学生对更深层次学习的需求。思想政治理论课教师要具备对教学课堂的良好掌控力，能够选择适合的教学方法和载体，能够合理控制教学进度，能够圆满实施教学计划，这是对思想政治理论课教师的业务能力很高的要求。

（四）增强大学生思想政治理论课获得感的保障是科学的考核体系

思想政治理论课对学生产生的影响如何转化为大学生的获得感，还需要一个长期的实践检验的过程。毛泽东说过："检验理论和发展理论的过程，是整个认识过程的继续。"[①] 教师讲完课或者课程结束并不意味着思想政治理论课教学活动的结束，也不意味着学生对思想政治理论课获得感的结果就确定了。在思想政治理论课课堂上可能出现教学活动很热闹，学生对这节课或者这门课很有"好感"，但是这种"感"的持久性和强度可能不能达到我们的预期。在我们的访谈中有学生回忆起思想政治理论课时的表述是"有时上课（思想政治理论课）还是比较有意思的，但是对上课的内容已经没什么印象了"。要将学生对思想政治理论课的"好感"真正上升到有获得感，延长思想政治理论课的影响力，应建立健全思想政治理论课的考核体系。

一要注重过程考核。过程考核其主要目的是促进学生在思想政治理论课教学中的参与程度。学生参与思想政治理论课教学就是一种"教"与"学"的互动，是教学活动本身的题中应有之义，但是在现实中总是重"教"轻"学"，这在课程考核中也可见一斑，一次课程考试在相当大的程度上决定了课程成绩，其实不能完全体现出学生的学习效果，也不能表示出学生对课程的获得感。注重过程考核可以在一定程度上加强学生的学，最终会对学生的获得感产生影响。

二要注重全面考核。全面考核其主要目的是要增加课程考核包括

① 《毛泽东选集》第 1 卷，人民出版社 1991 年版，第 292 页。

的教学环节，如实践教学，要将实践教学考核纳入课程考核体系中去。当前对思想政治理论课实践教学或者实践环节的改革还是比较重视的，社会实践，促使学生在理论见之于实践中增强获得感。但是实践环节的设计、实施遇到不少现实的难题。如实践教学的普及性与针对性等，实践教学内容的设计如何与课程内容紧密结合、如何与学生需求结合、如何利用已有资源等都制约着实践教学改革。即使在各种实践教学环节得以实施的基础上，如何考核也是值得关注的问题，实践教学的考核方式也可以倒逼学生和教师共同努力提升思想政治理论课的实效性，增强学生的获得感。当然还要结合各自实际情况的其他教学环节的设计，教学环节的增加不仅要体现在内容设计上，还要纳入整体考核体系，有效增强学生的关注度和参与度，以此增强学生的获得感。

二　大学生思想政治理论课获得感生成的外部机制

虽然我们研究的是大学生思想政治理论课获得感，但是大学生思想政治理论课获得感生成不仅仅局限于高校思想政治理论课教学场景中。获得感的生成和发展，并不完全是大学生在思想政治理论课课堂这种相对封闭环境中成形，而是在一定的社会关系中进行的。因此，可以说，思想政治理论课教学的外部宏观社会环境也制约和影响大学生思想政治理论课获得感的生成。外部机制主要是通过思想政治理论课获得感生成的主体和客体施加影响，产生导向引领的作用。

（一）教育者的理念和预期直接推动大学生思想政治理论课获得感

这里教育者不仅仅指思想政治理论课教师，还包括思想政治理论课教学管理人员和思想政治教育者。教育者对思想政治理论课的认识和对教学活动的预期是怎样的？教育者是怎样理解思想政治理论课教学的，是谋生的职业还是终生的事业？是政治任务还是教书育人？这些都深刻影响着思想政治理论课教学。全校是否形成对思想政治理论课的正确的共识？是否形成了有利于获得感生成和固化的合力？到底让思想政治理论课教学事倍功半还是事半功倍？这些现象都会对教育者的行为产生影响，而学生对教师的态度感知比较敏感，这些直观的"言传身教"对大学生获得感的作用是很直接的。

（二）教学资源的整合整体带动大学生思想政治理论课获得感的生成

有效的教学资源能够丰富教学内容，增强思想政治理论课的吸引力，使大学生能有更多代入感，主动参与到思想政治理论课教学中去。教学资源目前存在的问题不是不足而是"泛滥"，如何有效利用教学资源是当前思想政治理论课建设面临的新问题。现实中的教学资源是分散而且有效资源是有限的，需要依据一定的教学目标对教学资源进行整合和开发，"因事而化、因时而进、因势而新"，调动一切资源为思想政治理论课建设服务，形成全员、全方位、全过程育人的格局。

（三）教育环境的优化进一步固化大学生思想政治理论课获得感

良好的教学外部环境会对大学生思想政治理论课获得感的产生和巩固等起到正面的促进作用，反之，负面的外部环境则对大学生思想政治理论课获得感的产生和巩固产生制约作用甚至负面作用，使思想政治理论课教学课堂上产生的获得感可能因为外部环境而消弭殆尽。因此，必须优化思想政治理论课教学的社会环境，包括宏观、中观和微观的环境，才能激发大学生的主体性，积极参与教育教学活动，产生获得感。另外，在当前网络信息技术越来越发达的形势下尤其要注意优化网络环境。作为网络世界原住民的"95后"大学生的生活已经与网络密不可分，网络技术对思想政治理论课教学来说是一把双刃剑，但是网络言论的环境对思想政治理论课来讲更是挑战，在人人都有话筒的自媒体时代，网络诈骗、网络暴力、某些大 V 的不负责任的言论等都已经不是个别事了，纷繁复杂的网络环境对思想政治理论课教学的负面影响更明显。因此，现在亟待整治网络环境，让大学生与思想政治理论课都能有"在共享互联网发展成果上"的更多获得感。

思想政治理论课获得感的内部机制和外部机制在形式和方法上互相补充、各有侧重，内部机制侧重于满足和激发大学生的主观愿望、动机，外部机制侧重于外部因素的引导、推动。大学生思想政治理论课获得感的形成需要内部机制和外部机制的深度融合、协同联动。

第四章 大学生思想政治理论课
获得感现状的调查

对大学生思想政治理论课获得感现状的把握是提升大学生思想政治理论课获得感，推进高校思想政治理论课教学改革的现实前提。

第一节 调查与问卷设计思路

一 调查设计思路

本研究采用质的研究与量的研究系列多元测定。在回顾文献的基础上，预设研究维度，然后进行质性资料的收集和分析，以回答大学生的思想政治理论课获得感是什么的问题；之后根据质量研究的结果，发展量化研究工具，在较大范围内检测大学生思想政治理论课获得感，并验证质的研究结论；最后利用质和量的研究资料和结论，进一步反观当前我国大学生高校思想政治理论课获得感状况及改进的问题。本研究分为以下三个阶段。

第一阶段，主要任务是进行质的研究。在理论上对大学生思想政治理论课获得感框架把握的基础上，通过文献研究和资料收集来发现大学生思想政治理论课获得感的内涵、特征，为下一阶段量的研究做准备。通过文献收集和研究来把握当前对大学生思想政治理论课获得感的内涵及其相关已有的研究成果，在质的分析阶段更好地把握大学生思想政治理论课获得感。同时通过访谈来对理论预设维度进行设计及修改、确认。

第二阶段，主要任务是进行问卷编制试测和确定正式问卷。根据第一阶段收集到的质的资料以及预设的大学生思想政治理论课获得感状况来编制大学生思想政治理论课问卷，在向专家教师咨询并进行多次小范围的测试基础上进行修正。在测试结果统计检验的基础上，确定正式的问卷，并进行较大范围施策。为了使样本更具有代表性，本研究在全国范围内选取了东中西部地区的不同类型的院校、不同专业发放问卷，通过问卷星进行调查。

第三阶段，主要任务是利用问卷调查了解大学生对思想政治理论课获得感以验证质的研究结果，验证和确认大学生对思想政治理论课获得感的现状及结构。根据大学生思想政治理论课获得感问卷所获得的数据来分析和讨论在较大范围内大学生的思想政治理论课获得感现状。对以上质和量的研究结果进行解释和讨论，反思当前我国高校思想政治理论课教学质量与效果。

为对大学生思想政治理论课获得感进行研究，设计了大学生思想政治理论课获得感调查问卷。问卷包括三个部分，第一部分为人口统计学信息，第二部分为思想政治理论课程状况，第三部分为大学生思想政治理论课获得感状况。

第一部分科学的抽样可以使样本具有代表性，提高评价的可信度，因而对参加测试的学生背景情况的了解是必要的。大学生思想政治理论课获得感是主体的主观感受，不同背景的学生获得感是不一样的，如不同专业、不同院校甚至不同年级的大学生对思想政治理论课获得感存在着差异，因此在设计调查问卷时设计了包括学生性别、年级、政治面貌、专业分类、学校类别等项目。

为了更客观地了解大学生思想政治理论课获得感状况和可能对获得感产生影响的因素，笔者通过统计软件将大学生对思想政治理论课获得感的总体情况进行统计，以进行更细致的交叉对比差异性分析，因此，将背景变量设计得比较全面。

第二部分为思想政治理论课课程建设的情况。包括课程教材、课堂规模、授课教师、考试形式等内容。

第三部分为大学生思想政治理论课获得感状况。从理论内容、情感共鸣、理想信念和行为改变等四个维度，采用 Likert 量表对评价因素制表和项目进行调查统计。以 5 分为非常符合，4 分为比较符合，3 分为一般，2 分为不太符合，1 分为完全不符合等五个不同程度，对第二、第三两个部分的部分项目进行统计。问卷设计为课程性质、教材和授课内容、课堂形式与规模、教师素质、教学方法 5 个指标 19 个观测点，研究这些变量对思想政治理论课获得感的相关性，以及思想政治理论课的内容和方式是否是影响思想政治理论课获得感的决定因素？并有针对性地提出提升思想政治理论课获得感的改进措施，提供理论支撑。

第二部分和第三部分的测试题目出于调查的客观性和科学性，问卷将两部分内容的顺序进行调整，遵循 Likert 量表编制的要求，编制了积极性阐述和消极性陈述，尽量使问卷更加公正客观。

二　数据分析方法

问卷编制完成后进行了两次试调查，在试调查后修改了问卷并调整了问卷发放方式。最后确定在问卷星在线调查平台上发放问卷，问卷分为四个版本，分别以四门课程为调查对象（见附录"调查问卷"）。四个版本的问卷结构、观测点完全一致，只是课程名称和对应的课程内容、情感共鸣和理想信念具体表述不同，以方便被调查对象有针对性地作出明确选择。

通过 SPSS 20.0 软件统计分析。首先做了预调查，回收有效问卷 223 份，信度：α 信度值 0.791，大于 0.7，说明问卷信度良好。效度：球形检验的 KMO 值为 0.878，大于 0.7，说明问卷结构效度良好。

对数据的分析主要有三个层面，采用不同的数据分析方法。

第一层面最简单和直观的数据分析是现状的数据显示，直接表现为数据统计，以数值和百分比显示。如学生对思想政治理论课教师的认同感，可以直接获取对思想政治理论课教师认同程度的不同人数分布，并可直接获得百分比以直观了解对教师认同感的现状。

第二层面的数据分析是相关数值的交叉分析，即两个相关变量的关系。如不同专业的学生对思想政治理论课获得感是否存在差异，预习行为对获得感的产生是否有影响等。

第三层面的数据分析方法使用了多项 logistic 回归法，用于比较影响大学生思想政治理论课获得感的诸多因素中哪个或哪些因素的影响力最为显著。以"对思想政治理论课是否有获得感"为因变量，有五个分类水平，分别为："0——没有获得感""1——有点获得感""2——有些获得感""3——有较强的获得感""4——有很强的获得感"。以"没有获得感"为参考类别进行多项 logistic 回归，建立四个 logistic 方程。

$$\text{logit } P_i = \ln\left(\frac{p(y=i\,|\,x)}{p(y=0\,|\,x)}\right) = \beta_{i0} + \beta_{i1}x_1 + \beta_{i2}x_2 + \cdots + \beta_{ik}x_k$$

其中，P_i 表示五个分类水平的概率，x_1，x_2，…，x_k 表示影响思想政治理论课获得感的因素，β_{i1}，β_{i2}，…，β_{ik} 表示各因素对应的系数。在此数据分析的基础之上探索对增强大学生获得感较为有效的方式。

第二节　大学生思想政治理论课获得感的现状

一　被调查对象总体情况

本次调查通过问卷星在线调查平台发放问卷，回收有效问卷 1167 份。调查对象涉及湖北、贵州、浙江、新疆、广东、广西等地高校，包括 985 高校、211 高校、普通一本院校和普通二本院校。其中男性 446 人，占 38.2%；女生 721 人，占 61.8%。共产党员 74 人，占 6.3%；共青团员 1019 人，占 87.3%；其他 74 人，占 6.3%。在年级分布上大二学生 249 人，占 21.3%；大三学生 738 人，占 63.2%；大四学生 93 人，占 8.0%；研一学生 68 人，占 5.8%；本科毕业已就业 19 人，占 1.6%；专业分布上，人文社科类 483 人，占 41.4%；理工农医类 663 人，占 56.8%；艺术体育类 21 人，占 1.8%。985 高校类20人，占1.7%；211高校类98人，占8.4%；一般院校类1049人，占89.9%。抽样具有一定的普遍性和代表性，数据具有科学性。

表4－1　　大学生思想政治理论课获得感问卷被调查对象基本情况

题目	选项	统计（人）	比例（%）	题目	选项	统计（人）	比例（%）
您的性别	男	446	38.2	您的年级	大二	249	21.3
					大三	738	63.2
	女	721	61.8		大四	93	8.0
					研一	68	5.8
					本科毕业已就业	19	1.6
您的政治面貌	共产党员	74	6.3	您的专业	人文社科	483	41.4
	共青团员	1019	87.3		理工农医	663	56.8
	其他	74	6.3		艺术体育	21	1.8
您就读学校的层次	985高校	20	1.7	测试的课程对象	思想道德修养与法律基础	515	44.1
					中国近现代史纲要	178	15.3
	211高校	98	8.4		毛泽东思想和中国特色社会主义理论体系概论	220	18.9
	一般院校	1049	89.9		马克思主义基本原理概论	254	21.8

二　大学生对思想政治理论课普遍有获得感

从数据中可以看到，大学生对思想政治理论课普遍有获得感，有94%的被调查者表示对思想政治理论课有获得感。根据调查，有13%的学生回答有很强的获得感，有27%的学生选择有较强的获得感，有41%的学生认为有些获得感，有13%的学生认为有点获得感，只有6%的学生认为没有获得感（见图4－1）。这表明绝大多数学生对思想政治理论课有获得感。有强获得感的比例为40%，另有超过40%的被调查者认为从思想政治理论课中有一定的获得感。笔者认为这个比例是对当前思想政治理论课建设的肯定。

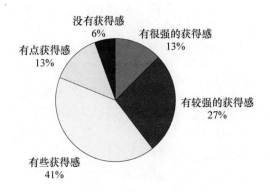

图4-1 您对思想政治理论课是否有获得感比例分布

三 大学生对思想政治理论课各维度的获得感状况

（一）大学生对思想政治理论课理论知识增长的获得感最高

关于思想政治理论课的内容，问卷对每门课程的表述不同，按照四门课程教材前言或绪论的要求，分别写入四个版本的问卷中。"思想道德修养与法律基础"课（以下简称"基础课"）的理论知识是指思想道德理论与法治意识；"中国近现代史纲要"课（以下简称"纲要课"）的理论知识是指中国近现代历史；"毛泽东思想和中国特色社会主义理论体系概论"课（以下简称"概论课"）的理论知识是指马克思主义中国化的理论成果；"马克思主义基本原理概论"课（以下简称"原理课"）的理论知识是指马克思主义基本原理。调查数据显示，大学生对思想政治理论课的理论习得获得感比较高，普遍高于对课程的整体获得感。较强认同思想政治理论课增长了个人理论知识的比例达到44%，高于对课程整体强获得感的比例（见图4-2）。

（二）大学生对思想政治理论课产生的情感共鸣和理想信念的树立获得感较强

不同的课程可能产生的情感共鸣感在对学生的访谈和试调查中有所改动，"基础课"的情感共鸣是明确人生奋斗目标，"纲要课"的情感共鸣是激发爱国主义情感，"概论课"的情感共鸣是激发"四个自信"，"原理课"的情感共鸣体现马克思主义真理的魅力。调查数据显示，大学生对思想政治理论课情感共鸣的获得感比较高，普遍高于对课程的整体获得感。较强认同思想政治理论课增长了个人理论知识的比例达到42%，也高于对课程整体强获得感的比例。

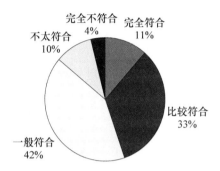

图4-2　大学生对思想政治理论课理论知识增长的获得感比例分布

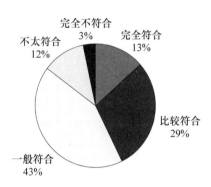

图4-3　大学生对思想政治理论课情感共鸣的获得感比例分布

　　大学生对思想政治理论课理想信念的树立强获得感的比例与情感共鸣的强获得感比例极为接近，比例为42%（见图4-3）。也就是说大学生从思想政治理论课中获得的情感共鸣的获得感较之于理论知识习得的强获得感稍微弱一点。

　　（三）大学生对思想政治理论课带来的行为习惯改变的强获得感低于对课程整体的强获得感

　　在大学生对思想政治理论课带来的四个维度的获得的主观体验的

调查中，行为习惯养成的成就感呈现出与之前三个维度较大的变化。第四个维度的问题在四个版本的问卷中是一样的，即"思想道德修养与法律基础课"对改变我的行为，则只有31%的被测试者完全认同或比较认同，有27%的被测试者不太认同或完全不认同。可以看出大学生对思想政治理论课引起的行为习惯养成的成就感是最弱的。

综合几个项目的测试数据，可以看出，大学生对思想政治理论课获得感整体情况较好，普遍认为从思想政治理论课中有所得，有四成的被调查者有对思想政治理论课很强或较强的获得感。数据显示本研究分析的各维度的获得感与总体获得感相互印证，数据合理，与预期设想接近，也验证了专家提出的大学生对思想政治理论"能知而不能行"的判断。

四　大学生高度肯定思想政治理论课教师

大学生对思想政治理论课教师评价较高，在涉及思想政治理论课教师的工作态度和能力、关心学生、教师人格魅力等问题上的调查数据显示，大学生高度认可思想政治理论课教师的工作态度和能力，超过九成的被调查者认为思想政治理论课教师具有较好的工作态度和能力，只有7.3%的被测试者完全不认同或不太认同此观点。88.6%的被调查者认为思想政治理论课教师具有人格魅力。

五　思想政治理论课开设的基本状况

为收集大学生思想政治理论课获得感可能的影响因素，本次调查设定了关于思想政治理论课开设情况的相关变量。

（一）思想政治理论课课堂规模

在教育部印发的《高等学校思想政治理论课建设标准》中明确提到课程规模一般不超过100人，推行中班教学，倡导中班上课，小班研学讨论的教学模式。在此次调查中，数据显示当前各高校在努力推进思想政治理论课中班教学，控制课堂规模。有65%的被调查者反映他们的思想政治理论课课堂规模符合教育部相关要求，控制在100人以下（见图4-4）。

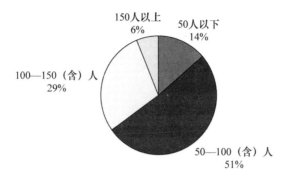

图4-4 思想政治理论课课堂规模

（二）思想政治理论课实践教学开设状况

思想政治理论课不断加强实践教学，在此次调查中，有64%的被调查者反映思想政治理论课有实践教学。这是思想政治理论课教学改革不断推进的成果。在后面的分析中还会看到思想政治理论课实践教学对提升大学生思想政治理论课获得感有显著影响（见图4-5）。

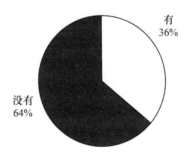

图4-5 思想政治理论课实践教学开设情况

（三）思想政治理论课运用网络技术状况

在当前互联网技术迅猛发展并融入经济社会生活各个层面的形势下，思想政治理论课课堂运用新技术、新媒体已经成为不可阻挡的趋势。此次调查显示超过半数的课堂利用了新兴技术，例如，在思想政治理论课中运用了慕课、教学辅助App等网络技术（见图4-6）。

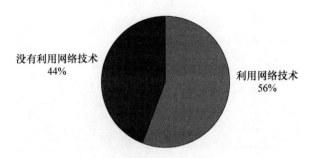

图 4 - 6　思想政治理论课运用网络技术情况

（四）思想政治理论课考试改革状况

当前思想政治理论课的考试形式多样。纸质试卷的闭卷考试依然是主要形式。课程论文、计算机无纸化考试和开卷考试也是当前思想政治理论课考试的常见形式（见图 4 - 7）。

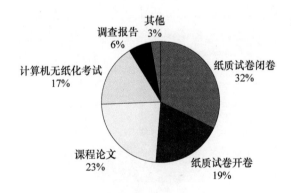

图 4 - 7　思想政治理论课考试形式

（五）思想政治理论课课堂互动状况

思想政治理论课普遍比较注重课堂互动，完全没有课堂互动的课堂只占到被调查的 3.6%，有 30% 的课堂经常有课堂互动。另外还有课后作业等的课堂管理，有 5.9% 的课堂完全没有课后作业，有 50% 的课堂有一些甚至是经常布置课后作业。

六　大学生对思想政治理论课学习状况

(一) 大学生对思想政治理论课教材使用情况

大学生对思想政治理论课教材评价较高。有60.7%的学生认为思想政治理论课教材好甚至很好,只有8%的学生认为思想政治理论课教材很枯燥,甚至有约1%的学生没看过教材。

大学生提前预习教材的情况并不理想。数据显示,只有5%的学生经常提前预习教材,有34%的学生从不提前预习教材。教材的使用状况并不好(见图4-8)。

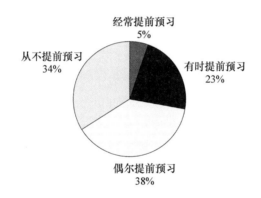

图4-8　大学生提前预习思想政治理论课教材情况

(二) 大学生参与思想政治理论课课堂互动的情况

大学生参加思想政治理论课课堂互动的积极性还有待进一步激发。调查数据显示,经常参加课堂互动或活动的学生为12.8%,有时参加课堂活动或讨论的为34.4%,偶尔参加的为45.3%,从不参加课堂活动或讨论的为7.5%。

(三) 大学生思想政治理论课考试成绩状况

虽然思想政治理论课课程考试的成绩不能完全代表大学生思想政治理论课的获得,但考试成绩也可以说明一些问题,是考核大学生掌握思想政治理论的一个重要标准之一。问卷显示大学生思想政治理论课课程成绩普遍较好,成绩优良率超过70%,不及格率不到1%。

第三节　调查数据的交叉分析

通过以上的数据分析，我们对大学生思想政治理论课获得感及大学生思想政治理论课开设情况有了一个基本的了解。那么这些数据之间，这些现象之间又有着怎样的联系呢？运用 SPSS 20.0 分析软件，我们又看到了很多不一样的信息。

一　大学生思想政治理论课获得感有差异

大学生思想政治理论课获得感差异性体现在各个方面。

首先在性别上，从调查数据中我们发现不同性别的大学生的思想政治理论课获得感是有差异的。其中男生对思想政治理论课获得感整体状况比女生要好。受访的男生中超过 50% 的人表示对大学生思想政治理论课有强获得感。而女生中只有 33% 的人表示对思想政治理论课有强获得感。而表示对思想政治理论课没有获得感的学生中，女生超过 70%。

另外，不同年级大学生的思想政治理论课获得感也呈现出差异性。从有获得感的整体状况来看，研究生一年级的学生优于其他年级，97.1% 的同学表示有获得感，其他年级受访者则维持在 90% 左右。但就获得感的强弱程度来看，研究生一年级同学的强获得感的比例最高，超过了 60%，紧接着是已经毕业且就业的本科生。在校学生的强获得感比例都在 40%，大三学生的强获得感比例最低。由此我们可以看到获得感的形成可能有长期性和反复性。

政治面貌对大学生思想政治理论课获得感的影响也很明显。中国共产党党员对思想政治理论课获得感优于其他政治面貌的受访者。受访者中共产党员有较强获得感的比例接近 60%，明显高于共青团员和其他政治面貌的受访者，而其他政治面貌的受访者的强获得感又高于共青团员受访者的获得感。

不同专业间大学生思想政治理论课获得感有差异。艺术体育专业的学生中有强获得感的比例明显优于人文社科和理工农医专业的学生。人文社科专业的学生从思想政治理论课中获得强获得感的比例是最低的，但总体表示有获得感的比例，人文社科专业的学生高于理工农医和艺术体育专业学生。

不同院校层次间的大学生思想政治理论课获得感也有明显差异性。就强获得感来说，985高校的学生比例最高，达到55%，明显优于211院校的42.9%和一般院校的39.9%。可是无获得感的比例985院校也高于211院校和一般院校。这是一个值得注意的情况，应该也会很有启示。

二　大学生思想政治理论课获得感中值得思考的现象

（一）大学生思想政治理论课获得感与实际获得之间的关联

我们可以将被调查者的思想政治理论课课程成绩、思想政治理论课对理论知识的增长、情感的共鸣、意志信念的增强和行为的改变等项目的数据进行交叉对比，分析发现即使被调查者认为自己在知识增长、情感共鸣、树立理想信念和改变行为上有实际获得，依然会出现获得感与获得不相匹配的状况，也就是说较强的获得并不意味着一定带来较强的获得感。

通过数据交叉分析，笔者发现相对来讲，课程考试成绩越好获得感越强。虽然思想政治理论课是一门特殊的课程，思想理论的传授不是其最终的教学目的，但对马克思主义理论的学习和掌握是其基本的教学目标，而且价值的传授理念的行程也需要理论传授为基础。考试分数虽然不能说明一切，但也是我们考察思想政治理论课教学目的是否实现的条件之一，学生对思想政治理论掌握得如何，也能够从其考试结果上显示出来。虽然思想政治理论课课程考试成绩高，并不意味着学生已经掌握了思想政治理论，或者已经形成了坚定的理想信念。但是，如果没有掌握基本的思想政治理论其课程考试成绩一定不会好。如果思想政治理论课考试成绩差，连基本的理论知识的考核都不能通过的话，何谈掌握基本的思想政治理论并体现到实际行动中呢？那么思想政治理论课理论习得的获得感一定不强。这一点我们通过数据可以看到。虽然思想政治理论课成绩优良的同学获得感不一定强，但是获得感较好的同学，思想政治理论课程的成绩不会差。在思想政治理论课课程考试成绩80分以上的学生中，近一半的学生表示具有强获得感，只有不到4%的同学表示没有获得感。而课程考试成绩在70分以下的同学中，只有不到30%的同学表示有强获得感，超过20%的同学表示没有获得感。这种现象比较容易理解，对思想政治理论课传授的理论知识掌握情况可以通过课程考试来检验，因此两者之间有这样的正向关联性。

但另外一个值得关注的现象是在课程考试成绩优良的分数段中依然有16%的被调查者只有低获得感甚至是没有获得感。这就意味着课程考试成绩好并不必然具有高获得感，这些思想政治理论课理论学习有较好成绩的学生为什么没有产生相应程度的获得感，实际获得与获得感之间的差距是如何产生的？

在分析列出的其他项目的数据时，也发现相似情况。在获得较高成绩的群体中，有一定比例的被调查者显示出较低的获得感甚至是没有获得感。

（二）主体参与思想政治理论课教学与思想政治理论课获得感之间的关联

当前思想政治理论课教学非常注重师生互动。在完全没有互动的课堂，有获得感的比例还不到70%。课堂互动对大学生思想政治理论课的获得感的影响明显。这一结论已经在思想政治理论课教学实践中得到验证。

此次调查数据显示，大学生是否参加课堂活动或讨论对思想政治理论课获得感的影响是显著的。在经常参加课堂讨论或活动的同学中，有60%以上的同学表示有较强获得感。而完全没有参加课堂活动或讨论的同学中，只有不到30%的同学表示有强获得感。在有实践教学的思想政治理论课课堂当中，具有强获得感的比例达到了近50%，而只有不到3%的同学认为没有获得感。在没有实践教学的课堂当中，具有强获得感的比例为30.2%，而超过10%的同学认为没有获得感。由此可以看到有实践教学的课堂中大学生的获得感更强一些。

思想政治理论课是否需要布置课后作业？超过90%的思想政治理论课有课后作业，只有不到6%的课堂完全没有课后作业。经常布置课后作业的思想政治理论课，同学具有强获得感的比例超过了50%，而完全没有布置课后作业的课堂当中具有强获得感的同学仅为30%。在经常布置课后作业的课堂当中，只有5%的同学表示没有获得感。可是在完全没有作业的课堂当中，有近30%的同学表示完全没有获得感，所以适当布置作业是可以增强获得感的。

表4-2 **大学生思想政治理论课获得感与大学生提前预习行为交叉分析数据**

			是否提前预习				合计
			完全没有	偶尔有	有时会	经常	
是否有获得感	有很强的获得感	计数	27	40	53	30	150
		是否有获得感中的百分比（%）	18.0	26.7	35.3	20.0	100.0
		是否提前预习中的百分比（%）	6.8	8.9	20.2	50.0	12.9
	有较强的获得感	计数（人）	71	139	86	15	311
		是否有获得感中的百分比（%）	22.8	44.7	27.7	4.8	100.0
		是否提前预习中的百分比（%）	17.9	31.1	32.7	25.0	26.6
	有些获得感	计数（人）	167	211	99	10	487
		是否有获得感中的百分比（%）	34.3	43.3	20.3	2.1	100.0
		是否提前预习中的百分比（%）	42.1	47.2	37.6	16.7	41.7
	有点获得感	计数（人）	86	46	20	1	153
		是否有获得感中的百分比（%）	56.2	30.1	13.1	7	100.0
		是否提前预习中的百分比（%）	21.7	10.3	7.6	1.7	13.1
	没有获得感	计数（人）	46	11	5	4	66
		是否有获得感中的百分比（%）	69.7	16.7	7.6	6.1	100.0
		是否提前预习中的百分比（%）	11.6	2.5	1.9	6.7	5.7
合计		计数（人）	397	447	263	60	1167
		是否有获得感中的百分比（%）	34.0	38.3	22.5	5.1	100.0
		是否提前预习中的百分比（%）	100.0	100.0	100.0	100.0	100.0

预习行为对获得感也有明显影响。当前大学生对思想政治理论课

提前预习的情况并不容乐观。有 5.1% 的同学经常预习，22.5% 的同学有时会提前预习，而有 34.0% 的同学完全没有提前预习。经常提前预习的同学中，75.0% 的同学有强获得感。而有时会、偶尔会和完全没有提前预习的同学获得感是递减的。完全没有提前预习的同学当中，只有 24.7% 的同学表示有强获得感。

通过多项数据研究，发现通过实践教学、参与课堂讨论和互动、完成课后作业和提前预习等多种形式的参与性活动，大学生思想政治理论课获得感与没有参与教学活动的大学生的获得感相比显著增强。这一结论为大学生思想政治理论课获得感研究和增强大学生思想政治理论课获得感实践都具有重要启示。

（三）思想政治理论课教师与大学生思想政治理论课获得感的关联

前文我们已经提到大学生对思想政治理论课教师评价较高。在涉及思想政治理论课教师的工作态度和能力、关心学生、教师人格魅力等问题上的调查数据显示，大学生高度认可思想政治理论课教师的工作态度和能力，超过 90% 的被调查者认为思想政治理论课教师具有较好的工作态度和能力，只有 7.3% 被测试者完全不认同或不太认同此观点。88.6% 的被调查者认为思想政治理论课教师具有人格魅力，也就是说有约 90% 的被调查者对思想政治理论课教师从工作能力、关心学生和人格魅力等多方面给予了肯定的评价，在这些被调查者中，有强获得感的比例超过了 40%，高于整体水平，也就是说对教师的正面评价或者积极的情感有助于增强大学生思想政治理论课获得感，但是这个提升比例并不显著。

（四）大学生主观的情感与大学生思想政治理论课获得感的关联

大学生的主观情感和意愿与大学生思想政治理论课获得感的关联度非常高。数据显示 70% 的学生表示喜爱思想政治理论课，这些喜爱思想政治理论课的被调查者中有 98% 的学生表示有获得感，有近 50% 的学生有强获得感。其中非常喜爱思想政治理论课的学生中有 86% 的同学对思想政治理论课有强获得感。而表示完全不喜欢思想政治理论课的被调查者中有超过 30% 的学生表示完全没有获得感，只有不到 20% 的同学有强获得感。显而易见，喜爱思想政治理论课的学生更有获得感，也有更强的获得感。

（五）课堂状况与大学生思想政治理论课获得感的关联

思想政治理论课课堂是大学生思想政治理论课获得感产生的主要场合，是研究大学生思想政治理论课获得感的重要研究领域，对大学生获得感的产生有怎样的影响呢？

第一，课堂规模对获得感的影响。通过调查数据我们发现当前依然有部分高校思想政治理论课课堂规模没有达到教育部要求的 100 人以下的规定，35% 的测试对象的思想政治理论课课堂规模超过 100 人，甚至有 6% 的学生在超过 150 人的课堂上课。数据显示，在小于 100 人的课堂中，有 94.6% 的学生有获得感，有 40% 的学生有强获得感。在大于 100 人的课堂中，这两项数据与小于 100 人的课堂没有显著差别。在数据中发现一个意料之外的现象，那就是在 50 人以下的小课堂中没有获得感的比例达到了 9.5%，高于其他课堂规模的比例，甚至比 150 人以上课堂的比例还要高。此外，150 人的大课堂的强获得感比例是最高的，这与笔者的预期设想并不一致。

第二，运用网络技术对大学生获得感的影响。数据显示，使用网络信息技术的课堂获得感明显优于没有使用网络信息技术的课堂。使用网络信息技术的课堂中 50% 的同学具有强获得感；而没有使用网络信息技术的课堂具有强获得感的同学不到 30%。在使用了网络技术的课程当中，没有获得感的同学只占不到 4%；而在没有使用网络技术的课堂中，没有获得感的同学超过了 8%。所以说利用网络信息技术等手段是可以提升大学生思想政治理论课获得感的。

第四节 大学生思想政治理论课
获得感的主要问题

我们党历来高度重视高校思想政治理论课建设，改革开放以后，高校思想政治理论课在不断改进和加强中取得了显著的成效。当前大学生思想政治理论课获得感呈现出令人振奋的成就。此次调查数据显示，92.7%的大学生认可思想政治理论课教师的工作能力和态度，94.3%的学生表示有思想政治理论课获得感。进入新时代，大学生通过思想政治理论课的学习加深了对马克思主义理论的理解，增进了对课程和教师的感情，明确了青年肩负的历史使命，增强了"四个自信"，逐步成长为中国特色社会主义事业的合格建设者和接班人。

进入新时代，我们既要清醒地看到大学生思想政治理论课获得感的不断提升，同时也要客观地看到大学生思想政治理论课获得感仍存在一些引人深思的现象，这些现象影响着大学生思想政治理论课获得感的生成，影响思想政治理论课效果的取得。本书仅从此次调查中的数据来分析大学生思想政治理论课获得感中的问题。

一　大学生思想政治理论课获得感不平衡

大学生思想政治理论课获得感在不同学生群体中存在差异性。不同性别、不同层次的高校，不同专业、不同年级的学生对思想政治理论课获得感有比较明显的差异。

在性别上，男生对思想政治理论课获得感整体状况比女生要好。男生的强获得感的比例比女生强获得感的比例高，男生中没有获得感的比例明显比女生中没有获得感的比例低。

不同年级大学生的思想政治理论课获得感也呈现出差异性。从有获得感的整体状况来看，研究生一年级的学生优于其他年级的受访者。其次是本科毕业就业的大学生，最低是大四在校本科生。就获得感的强弱程度来看，具有强获得感的比例由高到低依次是研究生一年级、已经毕业的就业本科生、大二、大四、大三。由此我们可以看到获得感的形成可能有延时性和隐匿性。

政治面貌对大学生思想政治理论课获得感的影响也很明显。对思想政治理论课有获得感的比例由高到低依次是中国共产党党员、共青团员、其他政治面貌的受访者。强获得感比例由高到低依次是中国共产党党员、其他政治面貌、共青团员。

不同专业间大学生思想政治理论课获得感有差异。对思想政治理论课有获得感的比例由高到低依次是人文社科专业、理工农医专业、艺术体育专业。强获得感比例由高到低依次是艺术体育专业、理工农医专业、人文社科专业。

不同院校层次间的大学生思想政治理论课获得感也有明显差异性。对思想政治理论课有获得感的比例由高到低依次是一般院校、211 院校、985 院校。强获得感比例由高到低依次是 985 院校、211 院校、一般院校。

大学生思想政治理论课获得感差异的这些变量分析中，我们无法通过改变这些变量来增强大学生思想政治理论课获得感。但是我们也不能因此就放弃在相应的对象群体中提升获得感，这更对我们今后进一步增强大学生思想政治理论课获得感提出新的要求，更有针对性地分析不同群体的特质和获得感生成的原因，有效增强获得感。

二　大学生思想政治理论课获得感不充分

大学生思想政治理论课获得感不充分，这种不充分是一种立体性的不充分，思想政治理论课获得感在多个方位具有提升的空间。第一，大学生思想政治理论课强获得感有待提升；第二，大学生思想政治理论课获得感的四个维度上有差异，有些维度上的发展落后于整体水平；第三，大学生思想政治理论课获得感与大学生从思想政治理论课中的实际获得之间有差距。

（一）大学生思想政治理论课强获得感有待提升

此次调查显示 94.3% 的大学生表示对思想政治理论课有获得感，但是其中有强获得感的只占 40%，有些获得感的占 41%，有点获得感的占 13%。由此可见，大学生思想政治理论课获得感的水平还有待进一步提升，使更多的大学生对思想政治理论课有更高水平的获得感。

（二）不同维度大学生思想政治理论课获得感发展失衡

从大学生思想政治理论课获得感的四个维度来分析，笔者发现，四个维度的获得感水平存在差异。大学生从思想政治理论课中获得的理论知识习得的满足感水平相对而言最高，高于情感体验的共鸣感、

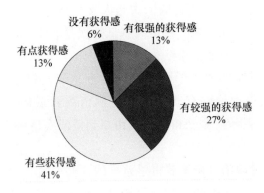

图 4 - 9 大学生思想政治理论课获得感现状

坚定理想信念的充实感，而行为习惯养成的成就感最低。较强认同思想政治理论课增长了个人理论知识的比例达到44%，高于对课程整体强获得感的比例。大学生对课程学习包括思想政治理论课的学习最直接的需要是理论的习得，因此，课程的相关知识理论的学习的获得感比较强烈。如对"概论课"的调查中显示，学生们对马克思主义中国化的理论成果都有感到知识习得的满足感，在访谈中还有些同学能记忆一些知识点的内容。情感体验和理想信念上的强获得感比例也高于40%，尤其是对"纲要课"的学习，访谈对象中有大二学生表示"虽然具体事件、年代等知识没有记住，但是对于近代中国半殖民地半封建社会时期的屈辱和中国革命的艰辛产生了很深的印象"，认为培养了爱国主义精神。这种情感体验还比较强烈。但是行为习惯养成的成就感最低，只有31%的被测试者对此有强获得感。可以通过数据直观地看到大学生思想政治理论课获得感在四个维度上有差别。

（三）大学生思想政治理论课获得感"钝化"

大学生思想政治理论课获得感存在"钝化"现象。"钝化"是化学中常用词汇，是指金属由于受到介质的作用，在金属表面形成了一层具有致密结构的薄膜，从而改变了金属的表面状态，使金属的电极电位发生改变而形成一种耐蚀的钝态。如果"钝化"一词应用在社会心理学中，则带有主观心理特征，可以理解为一种心理的反应迟缓的状态。具体到获得感的"钝化"，是指个体由于受到其他因素的影响，使得其对客观存在的实际获得的状态感知能力下降，无法产生与实际获得水平相对应的主观心理体验。

大学生思想政治理论课获得感存在这种"钝化"现象，即大学生思想政治理论课获得感与大学生从思想政治理论课中实际获得之间存在差距，即大学生对其从思想政治理论课中的实际获得感知能力下降，无法产生与实际获得水平相应的主观心理体验。大学生对从思想政治理论课中习得相关理论的认同度较高，考试成绩也比较高，但是在这些群体中还有一定比例的学生认为自己对思想政治理论课没有获得感。显而易见的就是有实际获得，却没有产生相应水平的获得感。访谈中某在校大二学生的思想政治理论课成绩（大一时期的"基础课"和"纲要课"）都在 80 分以上，他认为自己对思想政治理论课只是有些获得感，"课程学习还比较轻松，以前也有一定的基础知识，考试都没什么压力"。他认为这种知识的获取不是从高校思想政治理论课教学中获得的。在谈到课程教学中教师、教学方法等问题时，该同学还比较认同教师的工作态度和方法，尤其是对教师的某些教学方法创新记忆比较深刻，同学之间课后还就此进行过准备和排练，但是并未将此理解为思想政治理论课的获得，表达出"这些算吗？"的质疑，显然，大学生并未意识到这种创新及协作精神的培养和当时的情感体验也是获得感。这种"钝化"现象非常值得关注，将是提升思想政治理论课获得感的有效着力点。

三　大学生思想政治理论课获得感的反复性和不稳定性

对比大学生获得感水平与被调查者的年级状况，我们发现这种时效性。思想政治理论课在大学一年级和二年级开设，按照相关要求，在本科一年级开设"基础课"和"纲要课"，二年级开设"概论课"和"原理课"。数据显示本科生毕业后无论是继续深造还是就业参加工作，对思想政治理论课的获得感均高于在校大学生。在校大学生中，正在学习思想政治理论课的学生的获得感又高于已经修完课程的大三、大四年级的学生。因此，可以看到大学生思想政治理论课获得感的产生和强度会受到大学生的影响。访谈中某在校大三学生谈道："专业学习压力感觉更大一些，现在想的是如何完成这学期在学的课程，还有未来的发展。""没有想考研，目前是想找跟专业相关的工作，思想政治理论课也不上了，就没什么感觉了。"而已经毕业工作的学生则与这位大三学生的观点相反："现在回想起来，觉得大学里思想政治理论课给我的影响最深了，对我发展和解决遇到的困难有很大帮助，当然这个困难不是专业上的，是指大的方面的，所以现在想想，读书的时候应该再多用点功的。"

与获得感的维度相对应，我们发现正在开设思想政治理论课的大学生对思想政治理论课获得感中的理论知识习得的满足感和情感体验的共鸣感获得感水平相对较高，而高年级学生对行为习惯的养成的成就感水平却较低年级学生有上升趋势。

四　大学生思想政治理论课获得感生成的成效不理想

在国家和社会高度重视的背景下，高校思想政治理论课建设达到历史最佳时期。无论是高校马克思主义学院的建设还是学科发展，无论是教师队伍规模的扩大还是对思想政治理论课教师的培训力度，无论是人力物力财力的投入，高校思想政治理论课都无愧是高校"第一课"。高校均开设思想政治理论课，各年级、各专业、各层次院校的大学生参与了思想政治理论课教学实践，但获得感调查显示并不是百分之百的学生对思想政治理论课有获得感。调查显示大学生对思想政治理论课有获得感的比例很高，但是获得感的水平如何呢？在此次调查中显示强获得感的比例为40%，与思想政治理论课的投入相比，这个产出比并不理想。其最直观的反映就是党和国家对高校思想政治理论课的高度重视与部分学生对此课程的忽视甚至排斥所形成的强烈反差。换个角度来看，以大学生思想政治理论课获得感为导向来看思想政治理论课建设，投入的回报率并不高，获得感的成本过高。以当前对思想政治理论课建设的目标来看，大学生思想政治理论课获得感的生成并未达到预期的水平。

第五章　大学生思想政治理论课
获得感现状的成因分析

　　大学生思想政治理论课获得感生成是一个由获得感的主体（大学生）、获得感的客体（思想政治理论课）、环境等多个基本要素相互联系、相互作用构成的运动过程。在大学生思想政治理论课获得感生成过程中，获得的主体、获得的客体、获得的介体、环体等要素之间存在着矛盾关系，分析和解决这些矛盾，将会有效推动思想政治理论课教学实践不断发展。大学生思想政治理论课获得感的影响因素既有主观因素，又有客观因素，既有宏观因素，又有微观因素。分析大学生思想政治理论课获得感的影响因素是探索提升大学生思想政治理论课获得感的途径和前提，了解这些影响因素有助于我们有针对性地提升大学生思想政治理论课获得感。面对当前大学生思想政治理论课获得感生成中存在的问题，了解思想政治理论课的教学过程，分析作用于大学生思想政治理论课获得感生成的各个因素及原因，才能对症下药，有针对性地提升大学生思想政治理论课获得感。

第一节　大学生思想政治理论课获得感
生成过程中的矛盾

　　大学生思想政治理论课获得感生成是一个蕴含多个复杂矛盾的过程。矛盾贯穿于获得感生成过程的始终，伴随着各对矛盾的变化和转化、新旧矛盾的替代和演变，大学生思想政治理论课获得感生成并不断发展。深入分析大学生思想政治理论课获得感生成过程中的各种矛盾，对解决大学生思想政治理论课获得感现状中存在的问题，找准增强大学生思想政治理论课获得感的着力点具有重要的启示和现实意义。

一　思想政治理论课获得感生成中的主要矛盾

（一）思想政治理论课教学供给与大学生成长发展需要和期待之间的矛盾，是大学生思想政治理论课获得感生成中的主要矛盾

从高校思想政治理论课教学供给上来讲，思想政治理论课开设的目的就是对大学生进行思想政治教育，培养中国特色社会主义事业的建设者和接班人。共产党人从不掩饰自己的理想信念和奋斗目标，明确将思想政治教育工作当作自己工作的特有优势而长期坚持着。毛泽东就曾指出，党应该坚持思想政治工作，学校更应该坚持思想政治教育工作。高校思想政治理论课是学校进行思想政治教育的主渠道和灵魂课程。习近平总书记强调在新时代要在改进中加强思想政治理论课建设，要用好课堂教学这个主渠道，满足学生成长发展的需求和期待。2018 年，在教育部印发的《新时代高校思想政治理论课教学工作基本要求》中指出，新时代高校思想政治理论课教学的责任是对大学生进行马克思主义理论教育。思想政治理论课是对大学生进行社会主义核心价值观教育、帮助大学生树立正确世界观、人生观、价值观的核心课程。思想政治理论课需实现其理论性、政治性、思想性和实践性的功能。这些目的和要求具有社会性、统一性、稳定性和规范性等特征。它要求站在大局的角度考虑更长远的利益和整体的利益，要求个人价值和社会价值的统一实现，塑造受教育者的思想品德朝着社会规范的方向发展。

大学生成长发展需求和期待包括知识的增长、情感的体验、人格的完善和价值的实现。大学生的成长需求和期待在接受思想政治理论课教育之前就已经存在。虽然这种存在并不是生来就有的，是后天形成的，是大学生的个人实践和以往生活实践的产物，但是它的确已经存在于大学生接受思想政治理论课教育之前。在这样的生长需要和期

待下，大学生对思想政治理论课教学供给有一个判断标准。这种判断标准反映了大学生主体的需要，是观念化的产物和结果。我国高校大学生基本上是在国内接受思想政治教育的环境中成长起来的，因此大学生对成长的需要和期待，也是基于其所接受的国内思想政治教育和学习生活实践。作为群体的大学生具有与社会主义社会相适应的世界观、人生观和价值观。因此我们可以看到，大学生总体的精神面貌是积极向上的，但作为个体来看大学生成长发展的需要和期待，还具有鲜明的个性。由于大学生是一个个具体鲜活的个体，他们的需要具有个体性、多样性。而大学生的每种个性的需要和期待，又因具体实际条件的不同或得到满足程度的不同而时刻发生着变化。这说明大学生的需要和期待具有变动性。而作为青年大学生个体需要往往多注重自我利益实现的需要，个人价值实现的需要，或者是当前暂时的需要和期待，等等，而出现了非理性或功利性的特征。大学阶段是大学生的世界观、人生观、价值观正处于形成并趋于成熟的阶段，在这个时期，大学生在思想上和价值上的困惑和冲突表现得十分明显。思想政治理论课教学的主要意义和价值就在于解答大学生的人生价值观等困惑。习近平总书记在全国高校思想政治工作会议上强调，好的思想政治理论课应该像盐一样不可或缺，在大学生树立科学的世界观、人生观、价值观过程中发挥关键作用，并让学生自然吸收。

因此，就两者的实质而言，思想政治理论课的功能与大学生成长发展的需求和期待是具有同向性的。在方向上是一致的，但是供给和需求的质和量上存在结构性的差异。教学供给与学生需求之间的矛盾是结构性矛盾，教学供给的量和质的有效分布与学生需求的强弱程度存在着差异。总体上来讲，思想政治理论课建设有着明确的目标导向，在多年的建设中，党和人民都给予极大的支持，思想政治理论课的供给无论从量上还是质上都得到了充分的发展。大学生也存在对认识世界、认识自我的强烈的需求。可以说是"供需两旺"，两者应该"一拍即合"。可是，现实却差强人意，思想政治理论课有效供给不足，不能精准满足学生需求，而思想政治理论课有效供给能力的不足造成了大学生需求的外溢，只能转而通过其他渠道满足，思想政治理论课的思想政治教育主渠道的功能就无法实现了。教学供给与学生需求之间的矛盾是结构性矛盾，教学供给的量和质的有效分布与学生需求的强弱程度存在着差异。

（二）思想政治理论课获得感生成过程中的主要矛盾的特性

第一，主要矛盾贯穿于大学生思想政治理论课获得感形成过程的始终。

马克思主义关于人的需要理论认为，人的一切活动都是在自身需要的驱使下进行的，都是为了满足自己的需要。在思想政治理论课获得感生成的过程中，大学生并不是处于被动的地位，而是根据个体的需要主动地进行选择，也就是说大学生思想政治理论课获得感生成的过程和效果，始终是受着大学生自身需要和利益的制约。在这个过程中，大学生的个人需要和期待与思想政治理论课、教育教学活动之间存在着这样或那样的矛盾。正是有着这样和那样的矛盾，才有了高校开设思想政治理论课教学的必要性，也才有了思想政治理论课教学改革的需要，因此这一矛盾是思想政治理论课教学存在的客观依据和起点，这一矛盾不是暂时的、偶然的，而是长期的、必然的，一直贯穿于教学活动的每个阶段和每个方面，制约着大学生思想政治理论课获得感的形成及其程度。

第二，主要矛盾决定着思想政治理论课获得感的本质。

事物的本质是由它本身所固有的特殊矛盾决定的。大学生思想政治理论课获得感的生成是思想政治理论课教育教学活动中各要素相互作用产生的矛盾运动的过程。从本质上来说，就是获得的主体——大学生、获得的客体——思想政治理论课、获得的介体、获得的环境等要素之间相互联系、相互作用的过程。大学生思想政治理论课获得感的产生过程就是获得主体大学生对思想政治理论课满足其自身成长和发展过程中各种矛盾解决和发展的过程，大学生思想政治理论课获得感就是思想政治理论课供给与大学生自身发展需要的动态统一。可见正是这一矛盾的运动构成了大学生思想政治理论课获得感生成的活动区别于其他活动的特殊本质。

第三，主要矛盾规定和制约着大学生思想政治理论课获得感生成过程的其他具体矛盾。

这一主要矛盾规定和制约着整个获得感生成过程中其他的具体矛盾。在大学生思想政治理论课获得感形成过程中的其他具体矛盾，可以表现为获得主体自身的矛盾、获得主体与获得客体之间的矛盾、获得主体与获得环境之间的矛盾、获得主体与获得中介之间的矛盾，这些具体矛盾都是由这一主要矛盾所决定的。这一主要矛盾又从总体上制约着其他具体矛盾的存在和发展趋势，反过来，这些具体矛盾的解决又将有助于主要矛盾的解决。

二 思想政治理论课获得感生成中的具体矛盾

思想政治理论课获得感生成中的具体矛盾就是大学生思想政治理论课获得感生成过程中，获得的主体、获得的客体、获得的介体和环体等要素之间的矛盾关系以及相互作用中的矛盾关系。

（一）大学生自身存在的矛盾

第一，大学生的知与行的不统一。

思想政治理论课最根本的目标是培养社会主义的建设者和接班人，不仅需要学生学习思想政治理论，还要形成理想信念，并产生实际行动。在教学实践和与学生的交流中，笔者发现其实学生清楚地意识到思想政治理论课的意义，但是这种意识反映在行动上则不乐观。在访谈中部分学生承认，他们明确知道为什么要开这门课，但是对思想政治理论课确实兴趣不大，是为获取学分而上课，并不是为了学习马克思主义理论去上课的。即使为了考试和背诵记忆相关理论，也不会有意识地将理论指导实践，知易行难。因此出现学生的知行不统一，原因不是理论知识的缺乏，而是道德情感的缺失。

第二，大学生的需求层次的差异。

在思想政治理论课教学过程中，笔者发现学生由于多种因素的影响，其对思想政治理论课的理解也存在着差异，因而在对思想政治理论课的需求和期待上也存在着差异。在问卷调查和访谈中发现，有少数学生认为对思想政治理论课学习的要求仅仅放在课程成绩上，不需要对马克思主义理论进行深入学习，只要考试及格就行；也有学生认为学习考试是一回事，形成自身的理想信念甚至是指导自己的行为那是另一回事；也有一部分学生对思想政治理论课的要求很高，他们希望通过学习，提高自己的综合素质，或是提高自己的组织管理能力；有些同学还希望通过学习和实践，提高分析问题解决问题的能力，让自己具有更加稳定高尚的品格，为社会作出贡献。可见，大学生的需求和期待之间是不均衡的，这是大学生思想趋向多元的外在表现。

（二）思想政治理论课自身存在的矛盾

第一，思想政治理论课建设要求与实际情况之间存在差距。党和政府历来重视高校思想政治教育，重视思想政治理论课建设，尤其是党的十八大以来，高校思想政治理论课建设可以说是迎来政策"最给力"的时期，中共中央、国务院和教育部相继出台多项关于高校思想政治理论课建设的文件，以进一步加强和改进思想政治教育和思想政治理论课建设。但是政策条件保障尚未落实到位，一些地方和高校对思想政治理论课仍然不够重视。

第二，教师队伍建设与思想政治理论课体系建设需要之间的矛盾。一方面，思想政治理论课教师数量不能满足课程建设的需要。《高等学校思想政治理论课建设标准（2021年本）》明确要求本科院校思想政治理论课专职教师按照师生比1∶350配备。目前就全国范围来看，距达到这一比例要求的教师数量还有一定的差距。另一方面，高校思想政治理论课教师队伍整体素质亟待提升。教师本人首先一定是受教育者，尤其是高校思想政治理论课教师更要"学道、信道、传道"。思想政治理论课教学内容要经过教师的转化传递给学生，这一转化过程需要教师以社会发展需要和课程建设要求为基础，将思想政治理论课的教学内容和方法内化为自身的思想、观点和个人能够掌控的有实际效果的教学方法。很明显，这一过程具有显著的思想政治理论课教师个人的主观色彩，教师个体在知识、素质、能力方面的差异，使得这一转化会呈现出与理想状态有明显差距的状况。具体来看就可能表现为教学内容老化、教学模式固化、教学方法形式化等。《普通高校思想政治理论课建设体系创新计划》中要求建设一支理想信念坚定、师德高尚、理论功底扎实、教学效果良好的高水平思想政治理论课教师，这是对思想政治理论课教师队伍的明确要求，并强化了教师培养培训的规划。

第三，思想政治理论课亟待加强和改进的迫切要求与改革创新的手段不多的矛盾。面临着国内外环境的机遇和挑战，思想政治理论课建设亟须围绕提升实效性进行改革，而目前制约思想政治理论课针对性和实效性改革的问题就是创新性不够，改革瓶颈难以突破。

（三）思想政治理论课供给与大学生需求之间的具体矛盾

思想政治理论课供给与大学生需求之间的矛盾是大学生思想政治理论课获得感生成中的主要矛盾，有以下具体表现。

第一，从内容上看，教学供给内容的单一性与主体需求的多样性之间的矛盾。教学供给内容的单一性不能满足当代大学生需求的多样性要求。尽管高校思想政治理论课在不断加强和改进中取得了令人欣慰的成效，如教学方式方法的改革、新的教学模式的构建，解决了一些思想政治理论课存在的问题，但是形势依然不容乐观。思想政治理论课教学内容选择上出现的现象有：一是因为其担负着培养学生正确世界观、人生观和价值观的重任，为了实现这一功能，教学内容的选择上容易偏向于高屋建瓴的价值取向和宏大叙事的话语方式；二是受到教师的学科研究内容的影响，教学内容的选择上容易偏向于教师更加熟悉和更加容易掌控的内容；三是受到教学环节各种时空因素的限制，教学内容的选择上容易偏向更加稳妥安全的内容，与现实问题结合不够紧密，无法及时与学生需求产生互动。当课堂教学内容无法满足学生多样化的需求时，学生会寻找其他渠道满足自身需求，现在这种渠道十分的畅通。在"互联网＋"技术支撑下，大学生不仅可以在网络上搜集大量的学习资料和信息、满足自我实现的发展需要，还可以通过网络与他人交流观点、共享想法，这种渠道还满足了大学生在思想政治理论课教学中可能无法完全实现的表达自我、尊重的需求，更加弱化了思想政治理论课的功能。

第二，从方式上看，教学供给方法的形式化与主体需求的有效性之间的矛盾。除了内容的选择，教学内容的传授方式也是影响教学供给的重要方面。同样内容选择不同的讲授方式，达到的教学效果自然不同，学生产生的获得感也不同。在思想政治理论课课堂教学中，出现了泛娱乐化的现象，这种现象的出现其实就是在教学方法改革上的一种误区。思想政治理论课教学改革需要创新，需要借鉴信息传播和教育方法的有益成果，但不应该仅仅停留在模仿上，而是要学习精髓。思想政治理论课自身的教学成果也不少，很多优秀的教学方法在进一步推广，但是这种推广并不是要求各校各门课程都来效仿，而是要实事求是，从自身实际出发，解决课堂教学实际问题来进行方式方法的选择和实施。比如全面依法治国的内容，在"思想道德修养与法律基础"课和在"毛泽东思想和中国特色社会主义理论体系概论"课的讲法上就应该不同，是用案例讲授，还是让学生专题讨论效果更好也是没有定论的，因此方法的选择上不能"东施效颦""邯郸学步"，适合的才是最好的。适合什么？适合自身教学的实际，适合学生的需求。

第三，从教学活动目的上看，教学供给的程序化与主体需求的高品质之间的矛盾。当前，大学生对思想政治理论课的需求从根本上来讲是更高了，因为对理论的学习需求有一部分已经通过其他渠道满足了，如网络和主流媒体的宣传等，使得大学生对思想政治理论课教学产生了更加品质化的要求，那就是更有针对性、更有获得感。从其他渠道进行马克思主义理论的学习是对抽象的大众的信息传递，而不是对某一具体的专业的大学生或者是出于特定历史时期的青年。比如对理想信念的学习，相信大学生都对这个概念不陌生，但是在新时代，在中华民族为实现中国梦而接续奋斗的时期，对学习数学专业的大学生来讲是无法从网络和媒体宣传中找到答案的。学生需要从与他们面对面交流的思想政治理论课课堂上寻求解答，因此思想政治理论课教学需要更加有针对性，这就与当前高校思想政治理论课教学采取标准化和规模化的培养模式有了矛盾。当前的高校思想政治理论课教学供给上采取统一的教材、规定的学时数，可以说大学生面临的基本上是"同一款思想政治理论课"。由于多种原因的影响，思想政治理论课教师只对本门课程负责，强调工作量和课时分布，注重学生对知识点、重难点的掌握，关注教学计划的完成更甚于课堂教学效果的追求，而且作为思想政治理论课的专职教师与学生所学专业和学生个体发展需求联系甚少，对企业和市场的人才需求了解更少。在此背景下，思想政治理论课供给无法满足学生更高更有针对性的需求。

第四，从教学效果上看，教学供给的粗放性与主体需求的精细化相矛盾。不同大学生对思想政治理论课的需求是不同的，即使是相同专业的大学生，需求也会存在明显差异。因为大学生的需求归根结底还是个体的具体的需要。相比之下，思想政治理论课教学供给粗放、"精准度"不够。仅从思想政治理论课教学的课堂规模上来看，虽然有建议指出课堂规模在100人以下，但是真正落实下来还有相当的困难。即使是在100人以下课堂也很难保证学生是相同的专业，更难以保证同一课堂中学生对思想政治理论课的需求相似。因此思想政治理论课教学供给的精细化在实践层面还有一定的难度。

（四）主体与介体之间的具体矛盾

大学生与获得感生成的介体之间的矛盾，一方面是联系其大学生和思想政治理论课的教学介体与大学生主体主动性之间的矛盾，另一方面是大学生更适应的介体与思想政治理论课属性之间的矛盾。

当前思想政治理论课主要的教学方法与大学生的主动性之间存在矛盾。以教师教授为主要形式的思想政治理论课教学中普遍存在着传输内容选择的被动性、信息传递过程的单向性和教学地位的不平等现状与大学生主体的主动性之间的矛盾。虽然思想政治理论课教学内容具有规定性，但在具体教学环节中，教师对教学内容的选择具有一定的主动选择权，教师在内容选择上主要考虑"我想讲什么，怎么讲"，很少考虑学生"想学什么，怎么学到"。由于缺乏对学生实际需求和认知逻辑的深刻了解，课堂教学中信息传递方式多是由教师向学生的单向传授，即使有互动，互相交流的广度和深度依然不理想。当前信息技术发展，在网络上学生主体性需求得到了部分的满足，这使得传统课堂教学媒介的固化与大学生主体需求主动性之间的矛盾更加凸显。当然，目前非常喜人的现象就是思想政治理论课教学改革中利用现代技术，有了很多很好的改革成果。但是整体上来看，对信息技术融入思想政治理论课教学的改革，效果还不十分明显，应用程度和水平还存在很大差异。当然这种趋势是思想政治理论课教学改革不可抵挡并将继续深化的方向。

为改变而改变的教学方法，为了迎合大学生需求的载体创新是否适合思想政治理论课呢？思想政治理论课教学中介只有符合大学生成长与发展的规律、适应大学生的能力才能真正使大学生的思想品德和行为发生变化，实现教育教学的目的。如果方法得当，技巧高超，手段先进，就有利于大学生产生思想政治理论课的获得感，反之，如果方法呆板和单调，技术手段陈旧落后就会事倍功半，影响大学生对思想政治理论课的获得感。思想政治理论课只有建设成为"配方新颖、工艺精湛、包装时尚"的课程，才能满足大学生的需求。今天的思想政治理论课在教学方式方法上可谓百花齐放，积极借鉴其他课程的教学方法创新也好，嫁接其他教学手段也好，思想政治理论课教学改革及其成果的形成进入到一个蓬勃发展的时期。当然，这些改革创新取得了一定的成效，也引发了思考：我们为什么进行教学方法的改革呢？我们在进行思想政治理论课教学方法改革的时候也会产生困惑，我们是为了创新方法而创新还是为了更好实现教学目标而创新。非常遗憾的是，有时候答案就是为了一个新的方法的产生而去尝试改革的。当代大学生基本都属于网络原住民，他们对于网络的依赖程度和使用率远远高于教育者使用的程度。在思想政治理论课当中，使用互联网或者手机 App 成为大势所趋，势不可当。但是这些技术手段或教学方法，对于大学生来讲，是否真的能促进他们产生对思想政治理论课的获得感？这些技术手段和方法如何才能适应思想政治理论课的特殊性呢？仅以满足大学生需求的介体跟风化与思想政治理论课属性的矛盾应该引起重视。

（五）主体与环体之间的矛盾

大学生思想政治理论课获得感的生成是在一定的外部环境中的，不能脱离环境条件的影响而孤立封闭地存在。前文分析过思想政治理论课获得感生成的宏观环境、中观环境和微观环境，总的来讲与大学生成长发展的环境是一致的，思想政治理论课获得感的生成总的来讲与当前社会意识形态对人们的思想观念、道德行为规范等要求是相适应的。但不可否认的是当前在宏观环境中的一些思想观念和社会思潮与思想政治理论课所传递的意识形态和大学生原有的思想观念和价值取向可能有相冲突不一致的地方，这就产生了大学生主体与环境之间的矛盾。在中观环境和微观环境中，也有与大学生主体不相适应的地方，如校园文化对大学生的影响，宿舍室友相互的磨合与适应，思想政治理论课课堂氛围与大学生预期等问题，都是主体与环境之间的矛盾，它会对大学生思想政治理论课获得感产生不可忽视的影响。

这诸多的矛盾之一得到彻底解决意味着大学生思想政治理论课获得感实现阶段性的发展，把握好思想政治理论课获得感生成中的矛盾，有助于加强和改进思想政治理论课教学的方法和内容，提升思想政治理论课的教学效果。解决大学生思想政治理论课获得感生成过程中的矛盾需要教育者在教学目标、教学内容、教学手段等方面，采取符合思想政治理论课教学规律和大学生成长发展规律的措施，深化思想政治理论课教学改革，解决旧的矛盾，既使新的矛盾不断产生，也是矛盾循环上升推动思想政治理论课建设的过程。

第二节　大学生思想政治理论课
获得感的影响因素

现状是有多种因素综合作用的结果。大学生思想政治理论课获得感的影响因素既有主观因素，又有客观的因素，既有宏观的因素，又有微观的因素。分析大学生思想政治理论课获得感的影响因素有助于我们有针对性地增强大学生思想政治理论课获得感。根据之前的交叉分析结果，"课堂规模""成绩""教材""网络技术""教师职称""课堂互动""实践教学""课后作业""参与课堂活动""预习行为""对思想政治理论课真心喜爱程度""对思想政治理论课的兴趣程度""教师的态度和能力""教师对学生的关心""教师的人格魅力"等这些因素对学生在思想政治理论课上的获得感有影响，进一步梳理分类，可以归纳为以下几方面。

一 思想政治理论课对大学生思想政治理论课获得感的影响

大学生思想政治理论课获得感是高校思想政治理论课教学效果的试金石，思想政治理论课教学的含金量越高，大学生的获得感自然越强。获得感是以大学生从思想政治理论课的实际效果获得为基础的，如果思想政治理论课供给的知识不全面，课程内容陈旧，价值引导不鲜明，教学方法不新颖等，客观上影响大学生思想政治理论课的获得感。

（一）高校思想政治理论课课程设置

高校思想政治理论课课程性质和功能定位具有给定统一性。虽然当前各高校的思想政治理论课课程设置是按照"05 方案"的规定设置必修课与选修课，但是各类高校在思想政治理论课课程建设和学科建设上客观存在着差异性，而且课程开设学期、授课进度、考核等安排上也是不同的。课程排课的时间和进度将影响大学生思想政治理论课获得感。思想政治理论课教学安排不合理，大学生思想政治理论课获得感就会降低。比如，将思想政治理论课安排在晚上或周末上课，在这样的时段学生心理预期和学习效果都不理想，学生获得感会下降。

（二）高校思想政治理论课内容体系

首先来看统一的教材，现行的 2023 年版高校思想政治理论课教材既坚持了政治性对理论性的价值引领，又体现了理论性对政治性的学理性阐释。高校思想政治理论课既具有理论性又具有极强的政治性，优秀的教材要体现课程的政治性和理论性的平衡。统一的教材在教学内容体系的规定性上打下了坚实的基础，但教材体系向教学体系的转化、思想政治理论课供给的内容与质量存在着现实差异性与层次性，思想政治理论课供给内容和质量直接影响着思想政治理论课的实际获得。课程体系的理论性、政治性关系处理不好，教学内容难以让学生彻底信服，无法产生深刻的情感共鸣，大学生获得感就无从谈起。

二　思想政治理论课教师对大学生思想政治理论课获得感的影响

思想政治理论课教师在大学生思想政治理论课获得感生成的过程中是一个非常特殊的存在，思想政治理论课与大学生之间的相互作用实际上是由思想政治理论课教师作为桥梁完成的，大学生思想政治理论课获得感生成的介体也是由思想政治理论课教师来使用的，教师是思想政治理论课教学的主体之一。思想政治理论课教师的主体意识和个体素质对大学生思想政治理论课获得感有着直接的影响。

（一）思想政治理论课教师主体意识

观念是行动的先导，教师在教学活动中是否真正尊重学生主体地位对大学生主体功能的发挥具有重要影响，对大学生思想政治理论课获得感产生直接的影响。要增强大学生思想政治理论课的获得感需要充分发挥学生在思想政治理论课教学活动中的主体性，教师要树立以学生为根本、立德树人的教育理念，要以学生的成长成才为教育教学的出发点和落脚点，无论是教学内容还是教学方法的改革，都必须服从、服务于充分调动大学生的学习积极性和主动性。

（二）思想政治理论课教师个体素质

思想政治理论课教师的个人素质包括政治立场、理论修养、专业水平、知识结构和人格魅力，是实现思想政治理论课教学目标的关键，也是影响大学生思想政治理论课获得感的重要因素。教师对课程目标的把握、对教学内容的认识和解读、对教学方法的选择和运用是教师的教育理念、思想和态度等的外在表达。当教师的话语方式与学生接受心理吻合时，学生就更容易对思想政治理论课教学产生心理认同感和行为追随感；反之，学生则可能会产生抵触感，进而影响学习的获得感。

三　大学生个体素质对大学生思想政治理论课获得感的影响

影响大学生思想政治理论课获得感最核心的因素是大学生的主观因素。获得感思维告诉我们，教学的效果不仅是由教师的教授决定的，更是由学生的情感体验、知识储备和接受意愿决定的。

（一）大学生个体接受意识与意愿

期望是个体积极性的源泉，是推动个体行为的基本动力。"我愿意"学思想政治理论课是大学生产生思想政治理论课获得感的基本动力。大学生对于思想政治理论课有很多期望，如学习马克思主义理论、提高个人品德修养、正确认识世界、更好处理个人与他人关系等等，是他们学习思想政治理论课的动力，也是大学生思想政治理论课获得感的内在要素。如果这些期望被满足，他们的获得感就会比较强，反之其获得感就会被抑制。如果思想政治理论课的供给满足了大学生对思想政治理论课内容、教学方法和授课教师的期待，那么就能激发他们的接受意愿与动力，他们就愿意并且容易接受。目前高校思想政治理论课过度教育普遍存在，导致受教育者了解部分教育内容但并非真正的理解、接受和认同，甚至会引发大学生的反感心理，造成思想政治理论课教学的"零效应"甚至"负效应"。

（二）大学生个体知识储备与结构

"我能够"是大学生从思想政治理论课的供给中获得个人发展满足的前提条件。高校思想政治理论课教学向大学生传递的教学内容即马克思主义理论内涵十分丰富，其中的概念、观点、原理和规律都是对社会实践进行归纳、概括和提炼的结果，具有理论的深度。学习起来需要大学生具有一定的知识背景，否则便难以正确理解和接受教学内容。但也正是因为这些知识背景使大学生已经产生的世界观、人生观、价值观，无论这些观点是否正确、科学、清晰，它们对大学生接受高校思想政治理论课的教学内容都会产生影响，如果这些既有的价值取向与思想政治理论课的导向不一致，那么它们越是稳定、持久、牢固，对大学生来说接受思想政治理论课教学内容就越困难。

（三）大学生个体接受情景与效果

大学生的情感因素直接影响接受效果。"我喜欢"是大学生对思想政治理论课最大的肯定，也是产生获得感的强大缘由。如果思想政治理论课的教学内容和方法与大学生的利益需求不相关，大学生往往表现出冷漠、淡然，对思想政治理论课不抗拒但也不会发自内心地接受；如果与大学生的利益需求相反，或者被其认为是相反的，那么大学生则会表现出直接的抗拒和反感，根本不会接受教学内容和价值观。大学生的利益需求总的来讲就是成长发展的需求和期待，它可能是大学生解决现实困境的需求，也可能是被重视被尊重的心理需求，还可能是大学生对思想政治理论课教师持肯定的情感和态度。这些情感使得大学生更容易产生较强烈的获得感。

四　高校思想政治教育生态对大学生思想政治理论课获得感的影响

马克思指出，一切都取决于它所处的历史环境。习近平总书记在全国高校思想政治工作会议上提出："要坚持把立德树人作为中心环节，把思想政治工作贯穿教育教学全过程，实现全程育人、全方位育人，努力开创我国高等教育事业发展新局面。"① 党和国家对高校思想政治工作的高度重视，将是思想政治理论课建设发展的大好机遇。高校思想政治理论课生态环境深刻影响着思想政治理论课供给和大学生对思想政治理论课的"先入"印象，是影响大学生思想政治理论课获得感生成的重要催化剂。

（一）高校校园文化

教育部、共青团中央《关于加强和改进高等学校校园文化建设的意见》指出："高等学校校园文化是社会主义先进文化的重要组成部分。加强校园文化建设对于推进高等教育改革发展、加强和改进大学生思想政治教育、全面提高大学生综合素质，具有十分重要的意义。"高校的校园文化是以学校的价值观为核心，代表着学校独特的文化风貌，是一个学校区别于其他学校非常重要的特征之一。良好的校园文化能对大学生的思想品德产生潜移默化的影响，是学校思想政治教育的重要内容和手段，实现文化的以文化人、以文育人的功能。校园文化与思想政治理论课是高校思想政治教育过程中互为补充的两个侧面，如果有机地结合起来，就能使思想政治理论课教学效果放大、固化，更好地引导学生树立起正确的世界观、人生观和价值观，会增强

① 《习近平谈治国理政》第 2 卷，外文出版社 2017 年版，第 376 页。

大学生思想政治理论课获得感。如果校园文化与思想政治理论课教学无论是在传递的内容还是方法载体上不协调，比如校园文化活动占用思想政治理论课教学时间，校园文化活动理论品质不高等状况都会降低大学生思想政治理论课获得感。

（二）高校"大思政"格局

习近平总书记提出要把思想政治工作贯穿教育教学全过程，实现全程育人、全方位育人、全员育人，要求高校要充分利用思想政治理论课课堂教学这个思想政治工作的主渠道，使其他课程也要发挥好自己的课程思政的作用，守好自己的一段渠，尽到自己的职责，保证与思想政治理论课同向同行，形成协同效应。高校加强统筹协调，健全有利于形成工作合力的思想政治理论课条件保障体系，保障高校思想政治理论课机构建设、教师队伍水平、硬件保障等因素，不但会影响思想政治理论课教学供给，还会影响大学生对思想政治理论课的判断。如果思想政治理论课学时减少、排课时间不科学，教师无法高质量地完成授课计划，学生不但无法从思想政治理论课教学中获得较高的获得感，而且会轻视甚至是忽视思想政治理论课。如果思想政治理论课课堂讲授的是一套道理，下课后其他校园活动甚至是其他课程则向学生传达着"这一套行不通""过时了"的声音，则会使思想政治理论课教学前功尽弃。

（三）社会环境

国际国内形势、社会环境等因素对大学生获得感有着广泛的影响。世界范围内的各种思想文化交流交融交锋更加频繁，社会思想意识更加多元多样多变，面对各种思潮和复杂的社会现象，给高校思想政治理论课提出了新的要求。"互联网＋"的时代，网络信息庞杂多元，信息传递具有极大的便捷性，大学生可以在广阔的网络空间接触到无限信息、多元的思想，这给思想政治理论课教学带来严峻挑战。处于这样的社会环境中，思想政治理论课要如何发挥正能量，增强对重大理论和现实问题的阐释力，如何运用马克思主义的立场、观点和方法在多样中求得共识，回答学生关切的社会热点问题、思想困惑的问题，是思想政治理论课建设迫切需要解决的问题，这些问题的解决

关系着学生对思想政治理论课的信任和情感倾向，影响着大学生的获
得感。

第三节 大学生思想政治理论课获得感
问题的形成原因分析

一 高校思想政治理论课课程建设不充分、不平衡

我们在为当前高校思想政治理论课建设取得历史性成就骄傲的同
时，必须冷静地看到高校思想政治理论课建设面临着不少挑战，主要
体现在思想政治理论课建设的不平衡不充分的问题还普遍存在。

（一）高校思想政治理论课建设区域间发展不平衡不充分

一是师资队伍建设发展不平衡。这种不平衡体现在高校思想政治
理论课教师的职称结构和学历结构上。有数据显示，具有博士学位的
高校思想政治理论课教师比例在我国华北、华东、华中、华南地区超
过半数，其中华南地区高校的比例最高，超过了55%，而东北、西
南、西北地区高校中具有博士学位的思想政治理论课教师的占比则在
50%以下，其中西北地区高校的占比最低，仅为38.17%。区域间思
想政治理论课教师队伍建设的差距可见一斑。

二是科学研究发展不平衡。这种不平衡主要体现在发表论文、获
批项目、科研获奖各方面。有数据显示，2016年参加调研的985高
校、211高校和其他高校的校均发表论文数量和质量都有明显差异；
校均获得国家级科研项目分别为2.30项/校、1.57项/校、0.88项/
校。[①] 而985高校、211高校和其他高校在区域分布上就存在着差异，
叠加效应使得学科研究发展不平衡的差距更加明显。

三是马克思主义理论学科点分布不平衡。作为对思想政治理论课
建设起到支撑作用的马克思主义理论学科点建设现状也对思想政治理

---

① 艾四林、吴潜涛：《高校马克思主义理论学科发展报告（2016）》，高等教育出版社
2017年版，第175页。

论课建设有重要影响。根据多年的规划发展和调整，目前全国高校现有马克思主义理论学科点 345 个。从区域分布来看，马克思主义理论学科点最多的是华东地区，共计 96 个，占 27.83%；最少的是华南地区，共计 21 个，占 6.09%。具体到省级行政区划来看，仅北京一地拥有具有马克思主义理论学科点的高校共计 35 所，居全国之首，比高校马克思主义理论学科点省级分布平均数高出两倍有余；而学科点最少的五个省、市、自治区加起来才有 13 所高校具有马克思主义理论学科点，远低于省级分布的平均数。

（二）各高校思想政治理论课建设发展不平衡不充分

一是高校思想政治理论课建设发展不充分。以中央对高校思想政治理论课建设的顶层设计而言，高校思想政治理论课发展的现状尚未达到中央提出的高校思想政治理论课"办好"的要求，存在着较大的上升空间。这种不充分不仅体现在思想政治理论课教学的自身环节上，还体现在高校思想政治理论课建设的宏观环境中，涉及教学活动的教材建设、师资队伍建设、教学方法改革等，一直是加强思想政治理论课建设无法绕开的环节，在以上方面距离"好"的要求还有一定差距。从宏观上讲，各地高校落实中央和教育部把"思想政治理论课作为重点课程、把马克思主义理论学科作为重点学科、把马克思主义学院作为重点学院，纳入学校发展规划，进行重点建设"的要求尚未完全到位，机制尚未形成，调动一切积极因素的氛围尚未形成，与思想政治理论课同向同行的合力尚未形成。

二是各类型高校思想政治理论课建设发展不平衡。在高校间的思想政治理论课建设不平衡是比较明显的，这种不平衡不仅体现在 985 高校、211 高校和其他高校之间这种纵向层次上的不同，还体现在综合类高校、理工科高校、文科高校以及艺术院校之间。不同的高校在思想政治理论课的教师队伍建设、教学方法改革、教学平台创建、制度保障等各个方面都有差别。

二　思想政治理论课教学供给不充分

当前思想政治理论课获得感不充分的原因在于高校思想政治理论

课教学供给的不充分。思想政治理论课教学供给就是马克思主义及马克思主义中国化的理论成果，马克思主义理论之美、理论之善、理论之用在思想政治理论课教学中并没有被充分展现给大学生，使得大学生对马克思主义理论的获得感不充分。

（一）思想政治理论课课堂教学理论供给不充分

马克思主义理论需要通过将理论体系转化为教材体系、教材体系转为教学体系、理论语言转化为教学语言等多个环节的转化，那么教育者的素质就至关重要了。受到教育者的教育理念、理论素养、表达方式、知识结构等多种因素的影响，思想政治理论课教学对马克思主义理论的科学性、思想性、实践性没有完全的把握并体现到教学中去。当前有些思想政治理论课教学改革呈现两个极端，难以使大学生产生持续且深入的获得感。一个极端是高高在上的思想政治理论课堂，有的思想政治理论课的教学话语如同学术论文，表述方式艰涩深邃，将一些原本富有生活气息与人文关怀的思政理念变成了学术研究，使得马克思主义理论成为远离现实、远离学生的高大上的文本符号。另一个极端则是娱乐化的思想政治理论课堂，有的思想政治理论课教学为了迎合学生，简单追求课堂的热闹效果，为了片面获取学生的关注度，讲与思想政治理论课完全没有关系的笑话或花边新闻，看似使学生产生了短暂的获得感，但这种泛娱乐化的思想政治理论课可能让学生记住了那个笑话，却不记得思想政治理论课的观点和内容，必然无法形成真切且持久的获得感。

（二）思想政治理论课线上教学资源供给不充分

当今世界，信息化深入发展，"互联网＋"异军突起，互联网已成为意识形态斗争的主战场。但是思想政治理论课对网络阵地的占领情况并没有优势。思想政治理论课各个课程的线上教学资源供给侧建设进展缓慢，这集中体现在各课程可供选择的优质网络教学资源少、网络教学公共平台少、获取网络教学建设资源的渠道有限等方面。

（三）思想政治理论课课堂教学供给保障不充分

首先是在人员保障上，思想政治理论课教师数量不足。有调查显示，在当前思想政治理论课建设存在的一些问题中，教师数量不足已成为当前各高校认为思想政治理论课建设中最重要最紧迫的问题，有近70%的参加调研高校将教师数量不足列为高校思想政治理论课建设面临的首要问题。[①] 有的院校思想政治理论课专职教师比例低，教师以返聘、兼职为主。二是教学条件保障不充分，学时保障不能落实。有调查显示，截至2016年年底，参加调研的高校在以下专业课："思想道德修养与法律基础""中国近现代史纲要""马克思主义基本原理概论""毛泽东思想和中国特色社会主义理论体系概论"，落实学分规定的占比分别为76.47%、84.83%、78.95%、51.08%。[②] 还有些院校没有按照规定使用统编教材。三是教学评价体系有待完善。对思想政治理论课教学的特殊性没有体现在教学评价体系上，有的高校对思想政治理论课教师与其他专业课教师使用同样的评价体系，有的高校对思想政治理论课教师教学效果的评价以大学生网评为主。教师对改进教学效果动力不足。

三　大学生主体需求发展不充分、不平衡

需求是一个广泛的范畴，是因为需要而产生的要求。从教育的角度看，表现为学生对教育内容的需要而产生的学习要求，而之所以感觉到对教育内容的需要，是因为意识到了教育内容对自身发展的作用和价值，从而产生对教育内容的学习要求，这种要求可以产生学习行为，并且这种学习行为具有自觉性和主动性。前文中分析的思想政治理论课获得感钝化生成的一个重要原因就是大学生主体需求被抑制，需求发展不充分。

（一）大学生对思想政治理论课学习的需求不强

追求需求的满足是产生行动的动力。要使大学生产生对思想政治理论课的强获得感，就必须将马克思主义理论的学习内化成学生的内在需求，从而形成内在的驱动力。但是当前学习马克思主义理论并未成为大学生的内在强势需要。一是大学生对思想政治理论课学习需求

---

① 艾四林、吴潜涛：《高校马克思主义理论学科发展报告（2016）》，高等教育出版社2017年版，第152页。

② 艾四林、吴潜涛：《高校马克思主义理论学科发展报告（2016）》，高等教育出版社2017年版，第154页。

的功利性。当前大学生对高等教育的需求还停留在功利的层面，大学学习动机中以外部动机为主，这种状况跟当前社会环境和大学生历来接受的教育有关。大学生这种功利化的认识也体现在对思想政治理论课的需求上，甚至更强烈。当学生从功利的角度来评价和对待思想政治理论课，以对自身利益是否有立竿见影的好处作为取舍的标准时，思想政治理论课显然就不在他们的需求之内了。

逆反心理的存在使大学生对思想政治理论课学习的需求不强。大学生通过认识和实践，会将自我对象化，并与教育要求以及现实世界进行比较评价，经过人格判断而产生一种驱动，这种驱动是调节自身学习态度，形成对思想政治理论课的需求倾向，从而引起接受并获得的活动。如果对教育主体自身或教育主体传导来的信息逆反，就往往抑制甚至中断其获得与获得感的产生。

（二）大学生主体性被忽视

在思想政治理论课教学实践中，存在着学生主体性被忽视从而抑制大学生对思想政治理论课学习的需求。受到传统教学模式和客观条件的影响，还有相当部分的思想政治理论课教学是以主导性为导向的教学过程，教师掌握着话语权，在教学中占据着支配地位，学生成为被动的知识接收者。授课方式的单向性抑制了大学生独立性和创造性的发挥。授课内容与现实的距离以及教学中不能有效消除差距，也易使学生产生逆反心理。在这样的教学场域之下，大学生虽然身在课堂，却不愿听课，思想政治理论课的获得感自然也就无从谈起。思想政治理论课教学"绝不只是教育者对教育对象的单向灌输过程，而应该是也只能是教育者与教育对象共同参与、互动共进的过程"①。

（三）大学生对思想政治理论课强势需求没有被满足

大学生对思想政治理论课不是没有需求，而是对思想政治理论课的需求和期待没有得到很好的满足，长此以往，学生就产生了失落感，对思想政治理论课的需求被降低了。如果把大学生对思想政治理

---

① 万美容：《思想政治教育方法发展研究》，中国社会科学出版社 2007 年版，第 240 页。

论课的需求结构按照由强到弱的顺序排列，则依次为思想性、人文性、政治性和理论性，我们将思想性和人文性需求称之为强势需求，将政治性和理论性需求称之为弱势需求。① 大学生对思想政治理论课的强势需求对应着思想政治理论课的弱供给，大学生对思想政治理论课的需求没有被满足。这也就可以解释在调查中出现的思想政治理论课成绩好的学生为什么没有获得感。在调查中显示，思想政治理论课考高分的学生有一定比例认为没有思想政治理论课获得感，原因可能有两个：一是他认为自己对理论知识的习得不是从高校思想政治理论课中获得的；二是他对思想政治理论课的期望更高，并不认为理论知识的习得是他想要从思想政治理论课中获得的，他追求的思想性和人文性需求可能在思想政治理论课中没有得到满足。那么，人文社科专业的学生中没有获得感的比例高于理工农医专业和文艺体育专业的学生，"985 院校"学生中没有获得感的比例高于其他类型院校的原因可能也是一样的。

---

① 栾谨崇、于学花：《高校思想政治理论课属性供求的结构性矛盾及其化解策略》，《鲁东大学学报》（哲学社会科学版）2017 年第 6 期。

第六章　增强大学生思想政治
理论课获得感

笔者试图通过多项 logistic 回归，找到影响大学生思想政治理论课获得感的敏感因素，以期提出有效增强学生获得感的措施。在回归分析中，以"对思想政治理论课是否有获得感"为因变量，有五个分类水平，分别为："0——没有获得感""1——有点获得感""2——有些获得感""3——有较强的获得感""4——有很强的获得感"。以"没有获得感"为参考类别进行多项 logistic 回归，建立四个 logistic 方程。

$$\text{logit } P_i = \ln\left(\frac{p(y=i\,|\,x)}{p(y=0\,|\,x)}\right) = \beta_{i0} + \beta_{i1}x_1 + \beta_{i2}x_2 + \cdots + \beta_{ik}x_k$$

其中，P_i 分别表示五个分类水平的概率，x_1，x_2，$\cdots$，x_k 分别表示影响思想政治理论课获得感的因素，β_{i1}，β_{i2}，$\cdots$，β_{ik} 表示各因素对应的系数。

前文提到过，"课堂规模""成绩""教材""网络技术""教师职称""课堂互动""实践教学""课后作业""参与课堂活动""预习行为""对思想政治理论课真心喜爱程度""对思想政治理论课的兴趣程度""教师的态度和能力""教师对学生的关心""教师的人格魅力"这些因素对学生在思想政治理论课上的获得感有影响（以上变量均为有序变量）。对这些变量进行多项 logistic 回归，根据模型的似然比检验结果，筛选出"教材""预习行为"等五个影响显著的因素（见表 6 – 1）。

表 6 – 1   对思想政治理论课获得感影响显著的因素

自变量	符号	指标赋值
教材	x_1	1—没看过，无从评价，2—很无趣，枯燥，3——一般，4—好，5—很好
预习行为	x_2	1—完全没有，2—偶尔有，3—有时会，4—经常
对思想政治理论课真心喜爱	x_3	1—完全不符合，2—不太符合，3——一般符合，4—比较符合，5—非常符合
对思想政治理论课毫无兴趣	x_4	1—完全不符合，2—不太符合，3——一般符合，4—比较符合，5—非常符合
教师对学生的关心	x_5	1—完全不关心，2—不太关心，3——一般关心，4—比较关心，5—非常关心

指标赋值说明：从1—5程度依次递增。

回归结果分析：

表 6 – 2   模型拟合信息

模型	模型拟合标准	似然比检验		
	−2 倍对数似然值	卡方	df	显著水平
仅截距	2.239			
最终	1.723	516.009	20	0.000

模型拟合似然比检验的显著性水平小于 0.05，说明模型有统计意义，模型通过检验。

表 6 – 3   似然比检验

效应	模型拟合标准	似然比检验		
	简化后的模型的−2 倍对数似然值	卡方	df	显著水平
截距	1.933	210.047	4	0.000
您认为思想政治理论课的教材如何？	1.824	100.559	4	0.000

续表

效应	模型拟合标准	似然比检验		
	简化后的模型的 −2 倍对数似然值	卡方	df	显著水平
您课前预习思想政治理论课教材吗?	1.738	15.231	4	0.004
我真心喜爱思想政治理论课	1.779	55.938	4	0.000
我对思想政治理论课毫无兴趣	1.752	28.761	4	0.000
思想政治理论课教师尊重和关心学生	1.745	22.035	4	0.000
卡方统计量是最终模型与简化后模型之间在 −2 倍对数似然值中的差值;通过从最终模型中省略效应而形成简化后的模型;零假设就是该效应的所有参数均为 0				

从模型似然比检验表(见表 6 - 3)中可以看出进入模型的五个变量显著性水平均小于 0.05,说明五个自变量对模型的构成均有显著贡献,研究它们是有意义的。

通过进一步的分析,对有很强获得感的学生来讲,教材的影响是最大的;对于有较强获得感和有些获得感的学生而言,最显著的影响因素是真心喜爱,其次是教材;对有点获得感的学生来讲,教师的因素是唯一的关注点。也就是说,大部分学生对思想政治理论课获得感的最敏感的影响因素是是否真心喜爱思想政治理论课,其次是教材。此次调查的数据,改变了笔者以往的思维,对增强大学生思想政治理论课获得感的途径有了新的想法。

增强大学生思想政治理论课获得感是一项系统工程,不能简单地从改革思想政治理论课教学方法,或者刺激大学生需求等某一方面着手,要从与大学生思想政治理论课获得感生成相关的各个因素和相互关系入手,把建设一支高素质的思想政治理论课教师队伍作为关键,以高水准教材为遵循，以高水平教学资源为支撑，以高质量示范课堂为抓手，以高效率工作机制为保障，以建设学生"真心喜爱、终身受益"为目标，深入推进思想政治理论课思路创优、师资创优、教材创优、教法创优、机制创优、环境创优，进一步完善顶层设计、优化工作格局、加大精准施策力度，展现新时代高校思想政治理论课新气象新作为新担当，全面提升思想政治理论课质量和水平，从而提升大学生思想政治理论课获得感。

第一节　掌握大学生成长发展的需求

大学生成长发展的需求和期待是思想政治理论课获得感生成的前提，思想政治理论课教学要引导大学生树立合理的心理预期，这是思想政治理论课教学目标题中应有之义。在思想政治理论课供给侧改革不断增加学生实际获得的同时，也要注重培养学生提升获得感的能力，避免获得感生成"钝化"。思想政治理论课教学要有效引导大学生理性审视自身的心理预期，辨别需求，激发大学生对思想政治理论课的内在需求和更高层次的需求，不断调整大学生需求结构。

一　激活大学生对需求的认知

正如马克思所说："任何人如果不同时为了自己的某种需要和为了这种需要的器官而做事，他就什么也不能做。"① 需要是人类一切认识活动和实践活动的出发点，需要产生行动的动机。因此，要激发学生的学习动机就要激发学生学习的需求，大学生的需要越强烈，接受教育的自觉性就越高，学习的效果越好；反之亦然。但矛盾之处是大学生对自身发展的需求认识可能不够全面、不够深刻，影响其学习动机的产生。大学生在高校学习期间正是其心理发展水平处在形成又不完全成熟的状态下，具有很强的可塑性。这是机遇也是挑战，各种社

———

① 《马克思恩格斯全集》第3卷，人民出版社1960年版，第286页。

会思潮都会影响大学生，马克思主义也可以影响大学生，因此在这样一个青年学生的世界观、人生观、价值观形成的关键时期，我们要用马克思主义理论争取大学生，武装大学生。由于大学生有着较高的知识文化水平并掌握了一定的信息技术手段，他们对新事物很敏感并具有强烈的好奇心，容易接受新事物和新观点，但是他们的辨别能力不强，对新事物新思想思辨不足，容易全盘接受，因而容易受到错误思想的影响。另外，青年学生充满朝气，有理想，但是受挫能力不强。如学生普遍重视专业课和外语的学习，因为他们对于专业课和外语学习的动机更强烈，受到就业、家庭、网络等因素的影响，他们对专业课的学习需要被激发起来，并产生了积极的学习行为。同样的学习行为也会在大学生学习思想政治理论课时产生，只要他们学习思想政治理论课的需要被激发，被大学生主体所感知。因此首先要使大学生明确思想政治理论课的价值，尤其是对大学生个体需求的满足，鼓励学生产生精神需求。还要注意将大学生的实际需要、求知欲等已经具有的对思想政治理论课学习的有利条件转化为学习思想政治理论课的动机。最后是要充分激发大学生全面发展的需求以及更大的需求量，以激发学生学习思想政治理论课的动机，才有可能提升获得感。

积极应对大学生产生对思想政治理论课的认知疲劳。预防认知疲劳，通过刺激大学生对思想政治理论课产生"需要"，或者找到大学生思想政治理论课的刺激点，预防大学生产生认知疲劳。缓解认知疲劳症状，针对大学生已出现的认知疲劳现象，要通过有效途径进行化解和疏导，如调整教学活动、增加课程教学仪式感、结合当时当地热点问题等都可以缓解认知疲劳。当认知疲劳无法得到有效缓解时，可能产生更为严重的负面情绪，如对思想政治理论课的冷漠、排斥甚至反抗。由于大学生在中小学阶段也接受过思想政治理论课的教学，使高校思想政治理论课本身缺乏新奇感和神秘感，学生也很难对思想政治理论课产生求知欲，可能再加上对思想政治理论课认识的偏差，会有学生产生对高校思想政治理论课的认知疲劳。在访谈中就接触到这样的学生，表达出对高校思想政治理论课没有兴趣的想法，并且在行为上也表现出上课时偶尔听课，基本没有预习行为，对考试成绩不在意。更甚者有学生对思想政治理论课比较反感，不愿意上课。虽然是少数，但是也需要引起我们的重视，在教育方式上还应使用心理学的方法，让大思政的其他人员参与进来，进行疏导教育，体现思想政治教育的人文关爱，才可能提高大学生对思想政治理论课的获得感。

二　引导大学生对需求的辨别

引导大学生对需求的辨别。大学生对思想政治理论课的需求是存在的，可是由于一些"先验"的认识而对思想政治理论课产生了某些误解。例如，一些大学生认为思想政治理论课的开设完全是党和国家的需要，而并非大学生自身的需要，或者认为思想政治理论课的教学内容对自己将来的就业用处不大，远不如各种专业知识有用，这样的认识显然是错误的。事实上，大学生在大学期间的学习不仅要接受专业知识教学，更要接受思想政治教育，这是增强理论素养，提高思想境界，成长为社会主义事业建设者和接班人的需要。引导大学生对自身需求的辨别，激发促进个人发展的合理需求，辨析并抑制错误的需求，将个人发展的近期需求与长远需求、个人需求与社会需求结合起来，就可以有效调动大学生学习思想政治理论课的积极性。

教育和引导大学生追求更高层次的需要。通过思想政治理论课的学习，让大学生建立更高层次的、先进的精神世界，将高级的精神需要作为人生的发展目标，升华学生的需求层次，进而激发出他们的潜能。首先，引导大学生学会自省和反思。通过自省和反思，可以让大学生向内审视自己的言行，反思自己的对错得失。比如中国共产党内开展批评与自我批评的优秀传统，使其不断加强自身建设。大学生经常自省和反思可以使大学生产生提升自我的需求，能够使学生产生学习思想政治理论课的需求，而且提高学生的思想道德修养。其次，可以通过美育教育培养大学生对"真、善、美"的感受能力，提升大学生对马克思主义理论真理之美的自觉追求。美育在思想政治教育中的作用是毋庸置疑的，越来越多的研究显示美育教育与思想政治教育有着内在的一致性，我们要把学生培养成德智体美劳全面发展的合格接班人，德育和美育不可截然分开。美育教育不仅能培养学生对美的感知能力和创造能力，还可以为思想政治教育营造更加生动的氛围，提供更具吸引力的教育素材。因为美育的情感性特点有助于激发大学生同教育者之间的情感认同。美的事物易于让人产生愉悦的正面的心理体验，思想政治理论课也需要利用这种吸引力，让更多学生更深入地理解思想政治理论课教学内容即马克思主义理论的"美"，使大学生产生学习思想政治理论课的需求意识，自觉自愿地接受，那么对增强学生的获得感自然是事半功倍的效果。

三　满足大学生的合理需求

强化大学生对思想政治理论课学习的需求。我们应加强大学生对思想政治理论课学习需求的正刺激，以产生学习的动机，达到较好的学习效果，提升获得感。了解学生需求，解释学生疑惑，解决学生实际困难是强化学生对思想政治理论课学习需求的有效途径。学生对思想政治理论课学习需求不强主要是认为思想政治理论课"无用"，当我们运用马克思主义理论解释了学生的困惑，解决了学生成长成才中的困难时，马克思主义理论的真理性"大用"与思想的"大智慧性"一定会"征服"学生。要注意分析大学生的各种需求，寻找思想政治理论课的"用武之地"，努力满足其合理需求。作为在校学习的青年学生，有许多这个成长阶段会遇到的具有共性的问题，如大学生学业压力、就业问题、人际交往等现实需求，帮助他们面对、适应和解决这些问题，能够切实调动大学生对思想政治理论课学习的积极性。

另外，引导大学生对自身需求进行合理性的辨别。在大学生这个年龄阶段，会产生很多需求意识，思想政治理论课和高校思想政治工作者要帮助大学生做好需求性质的分析工作，对于不合情理、违反社会规范制度的需求，要耐心地说服教育，使大学生明白其需求的不合理性，主动放弃；对于合情合理合法的需求，则根据具体的实际情况予以满足，或者帮助学生通过自身努力去达成需求。还要提高大学生对自身需求的自我调节能力，帮助大学生确定合理性的需求。

第二节　拓宽思想政治理论课改革思路

要切实增强大学生思想政治理论课获得感，需要明确大学生思想政治理论课获得感的重要意义，统一思想，达成共识，才能在增强大学生思想政治理论课获得感的具体措施中找准关键点，抓住着力点，形成合力。

一　尊重大学生在思想政治理论课教学中的需求，找准平衡

思想政治理论课教学应以大学生根本利益为出发点，满足大学生需求的主动性、多元化、品质性和精细化要求，以实现大学生的自由全面发展。正如习近平总书记所强调的，"要坚持把立德树人作为中心环节，把思想政治工作贯穿教育教学全过程，实现全程育人、全方位育人，努力开创我国高等教育事业发展新局面"①。尊重大学生的主体需求，以学生为中心，并不是要求思想政治理论课放弃自己的课程属性去迎合学生的所有需求，需要广大思想政治理论课教育者找准两者的平衡。

第一，要找准课程的意识形态性和大学生的需求之间的平衡。思想政治理论课具有强烈的意识形态性，这是该课程区别于高等教育其他课程的一个显著特征。思想政治理论课是思想课，是政治课，是理论课。影响大学生对思想政治理论课获得感的关键是思想政治理论课所传输的意识形态与大学生的自身需要之间有错位。事实上，当前思想政治理论课虽然每门课程各自的教学内容和目标各有侧重，但其主要所传输的思想和理论是如何回应当代中国的大局和未来发展的大势，如何以马克思主义理论为指导，用马克思主义基本观点、立场和方法分析和解决问题。大学生虽然个体条件不同，但是个体自身需要总归是成长发展的需要，这两者本质上具有

---

① 《习近平谈治国理政》第 2 卷，外文出版社 2017 年版，第 376 页。

同向性，但还没有同步，供给侧和需求侧存在着错位。因此我们只有掌握思想政治理论课的意识形态性和大学生自身需求之间的平衡点，消除供给侧与需求侧之间的落差，才有可能使思想政治理论课成为大学生所期待的课程。

第二，要找准课程教学目标与学生需求之间的平衡。因材施教是最基本的教育规律。在思想政治理论课教育教学过程中，教育的对象也就是大学生的个体差异是比较大的，每个大学生的思想道德素质水平、成长经历、未来发展定位等都有很大差异，他们对思想政治理论课的期待也各不相同。笔者在长期的教学实践中发现，大学生对思想政治理论课教学的需求大致可以分为如下几种类型：一种是对个人综合素质提升的需求，有这类需求的学生认为思想政治理论课学习可以全面提升个人素质，增强运用马克思主义理论分析和解决问题的能力，提升个人思想品德；另一种是追求知识型，这类需求的学生学习很认真，对马克思主义理论学习也很有需要，但是仅停留在理论学习的层面，更多的是为了获取高分和通过研究生入学考试，而没有将理论知识转化为个人理想信念，更谈不上在实践中践行理论。还有一种则是为了通过课程考试，这种需求的学生对思想政治理论课的认识有一定的误解，仅仅将学习思想政治理论课作为获得学分的必要途径，以及格万岁获取学分为最终目的。针对大学生对思想政治理论课的不同需求类型，思想政治理论课教学要在学生的需要和教育目标之间建立结合点就很有挑战性了，因为要以一对多。长期以来，我们教育目标的制定包括思想政治理论课教学目标的制定是单向的，是从教育者的目的出发，面向所有学生，这就使我们的教学目标与大学生需要之间无法对接，产生的现实就是教学效果不尽如人意，实效性不足。但是若要将思想政治理论课的因材施教理解为对每一个学生制定特定的教育目标明显又是不现实的，也缺乏操作的可能性。但是我们可以尝试制定多层次多类型的教育目标，以适应不同的学生群体，具体来讲就是在不同专业不同类学校之间，思想政治理论课教育目标不能一概而论。

第三，要找准完善课程教学与提升学生需求层次之间的平衡。找准这一平衡其实是要动态地考虑思想政治理论课建设和激发学生内在需求两个方面发展的方向，使思想政治理论课教学与大学生需求渐行渐近。一方面，面对思想观念各异的大学生，要让他们产生对思想政治理论课学习的需求，必须不断创新教育手段和教学方法，增强思想政治理论课的亲和力和针对性，使思想政治理论课教学朝着学生期待的方向改进；另一方面，要不断提升大学生的需求层次，改变大学生对思想政治理论课的功利化的评价标准，使他们放弃仅以有用与否来衡量思想政治理论课的价值，而应从是否能帮助其实现个人价值，提升个人综合素质等方面来衡量思想政治理论课的价值。要引导大学生正视思想政治理论课的功能和意义，使大学生的需求向着更高层次的需要发展。思想政治理论课教学本身就应该具有这种使学生追求更高层次需求的作用。

二　掌握大学生思想政治理论课获得感现状，直面问题

增强大学生思想政治理论课的获得感具有重要的意义。大学生思想政治理论课的获得感既是提升思政理论课教学质量的内在要求，也是检验思想政治理论课教学成效的标准，增强学生的获得感是思想政治理论课教学改革的重要目标。

掌握大学生思想政治理论课获得感现状是增强大学生思想政治理论课获得感的前提条件。首先需要了解当前大学生思想政治理论课获得感的现状。大学生对思想政治理论课到底有没有获得感？获得感到底强不强？无论是思想政治理论课教师还是思想政治教育研究者必须关切的问题，问题没有找到何谈对症下药。

当前大学生思想政治理论课获得感的现状，一是大学生思想政治理论课获得感不平衡，在不同性别、不同层次的高校、不同的专业、不同的年级的学生对思想政治理论课获得感有比较明显的差异；二是大学生思想政治理论课获得感生成不充分，存在"钝化"现象，获得与获得感存在不一致情况；三是大学生思想政治理论课获得感生成与高校思想政治理论课建设投入不匹配。没有调查就没有发言权，当前对大学生思想政治理论课获得感的状况应开展广泛调研，把准脉搏，

找到问题，对症下药。

无论是中央还是教育一线的教师，无论是高校还是学生家庭，都要重视大学生思想政治理论课的获得感，意识到大学生思想政治理论课获得感对思想政治理论课建设的意义，意识到思想政治理论课获得感对高校立德树人根本目标的重大意义，上下一心，达成共识。

三 遵循大学生思想政治理论课获得感生成规律，夯实根基

增强大学生思想政治理论课获得感，必须遵循思想政治理论课获得感生成的规律。思想政治理论课获得感生成虽然是主观性的活动，但它是以客观规律为基础的，因此遵循规律是增强思想政治理论课获得感的必然选择。

增强大学生思想政治理论课获得感要遵循大学生主体的身心成长规律。大学生思想政治理论课获得感生成是以青年主体的身心成长规律为基础的。思想政治理论课教育的对象是具有自觉能动性的大学生、具有主体意识的人，这一主体性是获得感产生的先决条件。在人的整个生命历程中，青年时期是个体自我意识觉醒的阶段，大学生正处在这个关键时期，具有强烈的自我意识。另外，在青年时期大学生还处在心理上的"断乳期"。大学生的思想普遍表现出双重性，在大学生身上既可以看到积极进取的特质，又同时兼具不够坚定的意志力；既有强烈的竞争意识，又缺乏较强的抗挫能力。体现在思想政治理论课教学活动中，大学生的自我意识表现为对教材权威和教师权威的质疑，也表现为希望得到教师的认可与肯定，既质疑"权威"又期待"权威"认同。这为思想政治理论课教学探索基于满足学生成长需求的教学改革创新带来了机遇和挑战。思想政治理论课教师如何把握住大学生主体身心发展的特殊规律，增强大学生对思想政治理论课的获得感是思想政治理论课教师当前必须提升的技能。在思想政治理论课教学中，教师要充分尊重大学生的主体地位，给予他们期待的认同，就能调动他们的积极性，比靠权威强制灌输规定性的教学内容来实现教学目标更有效。

大学生思想政治理论课获得感生成是以认知心理理论为基础的，

遵循认识反复、思想提升和价值观念转化的规律。思想政治理论课与其他学科的知识相比其特殊性质之一是思想性，也可以说思想政治理论课不仅传授知识，更重要的是传达思想。理论知识的传授通常以记忆为教学目的的标记，而思想的传达则包括了更多认知和心理运动过程。形象地来讲，对思想政治理论课上传递出的思想，学生的接受可能出现一个螺旋式上升的过程。在思想政治理论课教学过程中，教师教授和传递出某种理论或者思想，学生接收到的内容可能和教师的设想不同，甚至有可能是相反的。只有通过认识的不断反复和深化，才能不断完善、纠正和固化学生头脑中的认知。因此，在教学实践中，思想政治理论课教师和学生都应理解认知的这种反复性特征，采取有效的教学手段，使这种反复过程尽量缩短并提升学生产生正确认知的效率。

研究大学生思想政治理论课获得感生成规律，可以避免仅仅将获得感作为经验用语使用，可以夯实获得感研究的理论基础，也可以拓宽思想政治理论课教学研究的思路，并可以增长制约大学生思想政治理论课获得感生成的短板。

四 拓宽增强大学生思想政治理论课获得感的思路，打开局面

要增强大学生思想政治理论课获得感并非仅仅是思想政治理论课教师的责任，也不仅仅是马克思主义学院的职责，而是要调动全社会资源共同着力，以创新意识来引领深化思想政治理论课教学改革。在改革中立足提升大学生思想政治理论课获得感，但是不能限制思维，囿于固有观念，而应该拓宽改革思路，打开工作局面。

第一，以目标为导向。思想政治理论课教学改革面临的形势复杂，必须聚焦目标明确方向。思想政治理论课是高校实现"立德树人"根本目标的核心课程。思想政治理论课要从培养社会主义事业的合格建设者和接班人的高度，遵循思想政治教育的规律、教学的规律和学生成长的规律，坚持目标导向，整体推进与重点突破相统一，从教学供给与需求、教师与学生的维度来谋划思想政治理论课教学改革，增强大学生思想政治理论课获得感。

第二，做好顶层设计。增强大学生思想政治理论课获得感，还要从课堂之外去思考。各级主管部门和高校要对思想政治理论课建设有整体的顶层设计，在顶层设计下进行局部的思想政治理论课教学改革，并在局部的教学改革的经验中完善顶层设计。

第三，抓重点、补短板、强弱项。经过了多年改进和加强，思想政治理论课建设取得了一定的成效和经验，在新时代，我们要更加注重有针对性地加强思想政治理论课建设，从全面深化改革的举措中寻求突破点，那就是抓重点、补短板、强弱项。在思想政治理论课教学的各个环节的不同要素中，分析和抓住思想政治理论课建设中的重点、短板和弱项，以期打开新的突破口，推进思想政治理论课教学改革进入新的阶段。

第三节　强化思想政治理论课师资

高校是培养社会主义事业所需人才的摇篮，而培养人才的关键是教师，决定一所高校的办学能力和水平高低的是师资水平。因此，师资水平是提升大学生思想政治理论课获得感的重要保障。习近平总书记在全国高校思想政治工作会议上指出，讲好思想政治理论课教师是关键，思想政治理论课教师作为传道者不但责任重大，而且想要传道首先要明道、信道，让教育者先受教育，让有信仰的人来讲信仰，这样才能让思想政治理论课教学真正具有理论的感召力，让学生产生更强的思想政治理论课获得感。与此同时，教育教学环境也发生了明显变化，随着科学技术的不断发展和在教学中的运用，对思想政治理论课教师队伍能力和水平提出了新的更高的要求。面对如此高的要求，思想政治理论课教师队伍建设必须从培养社会主义建设者和接班人的高度出发，从人员结构、素质能力要求和培训体系等方面考虑。

一　注重配齐结构合理的专兼职教师队伍

我国高校思想政治理论课教师规模从数量上来讲就面临一个比较严峻的挑战，专职教师数量上缺口较大。对于思想政治理论课教师队伍建设摆在首位的是思想政治理论课专职教师的数量不足。据统计，我国高等教育在学总规模 4655 万人[①]，按照师生比 1∶350 配备专职思想政治理论课教师，那么我国还存在着一定的缺口。而这一缺口的填补不是能够短期解决的。因为思想政治理论课教师队伍的扩充还面临着另一矛盾，那就是供给来源较少。每年的毕业季博士研究生求职时，也是各高校马克思主义学院"抢人大战"之时。据统计，当前全国高校每年毕业的马克思主义理论学科博士研究生约 1000 人。如果按照这个供给量，即使所有的马克思主义理论学科的博士生都到高校成为思想政治理论课教师，并且不计算在职思想政治理论课教师转岗、离岗和退休的，也需要三四十年的时间才能填补这个缺口。仅靠马克思主义理论学科的博士研究生显然无法解决目前高校思想政治理论课专职教师的缺口问题，因此，配齐师资是当前优化高校思想政治理论课建设的首要任务。

在师资配备上，各高校应多管齐下，一方面，要大力落实每年的思想政治理论课教师的引进数额，确保思想政治理论课教师的编制不被挪作他用。另一方面，要拓宽兼职教师来源，可以推动党政机关、社科研究机构、党校、讲师团等方面专家到高校马克思主义学院挂职兼职；尝试从高校其他学科优秀教师中遴选合适人员培训后加入思想政治理论课教师队伍；推动普遍建立思想政治理论课特聘教授制度，统筹好地方党政领导干部、企事业单位管理专家、社科理论界专家、各行业先进模范以及高校党委书记、校长、院（系）党政负责人、名师大家和专业课骨干教师、日常思想政治教育骨干等八支队伍上思想政治理论课讲台等多种途径，多个渠道配备专兼职教师队伍。

---

① 《2022 年我国高等教育在学总规模达 4655 万人》，新华网，2023 年 3 月 23 日，http://www.news.cn/2023-03/23/c_1129457556.htm。

二　注重提升教师队伍的素质能力

高素质教师队伍是由一个一个好老师组成的，好老师究竟有什么样的标准和要求呢？习近平总书记在多次讲话中都提到对好老师的要求。在 2019 年 3 月召开的全国思想政治理论课教师座谈会上更是对思想政治理论课教师提出了政治要强、情怀要深、思维要新、视野要广、自律要严、人格要正的"六要"的要求，为新时代高校思想政治理论课教师指明了努力的方向。

首先，思想政治理论课教师政治要强、情怀要深，在马言马、在马信马。古人说："师者，人之模范也。"在学生眼里，老师是"吐辞为经、举足为法"，言传身教者，教师的一言一行都会影响学生，尤其是思想政治理论课教师的言行，学生会以更高的标准来审视。因为思想政治理论课教师不仅在传授知识理论，更重要的是传播思想，培养学生的世界观、人生观和价值观，让学生树立崇高的理想信念。在学生接受教师传达的思想时会审视这个思想的传播者是否相信并践行这种思想。思想政治理论课教师必须自觉做马克思主义理论的坚定信仰者，做到在马言马、在马信马，知行合一、言行一致，让大学生深刻感悟马克思主义真理的感召力。若思想政治理论课教师在讲台上讲着理想信念、激情满怀，转身负面情绪爆棚，带来的负面影响会远远大于其他课程的教师。大学生对教师教学态度的感受是很敏锐的，思想政治理论课教师对真理的追求、对道德的坚守、对事业的投入，学生必定能深有同感。

其次，思想政治理论课教师思维要新、视野要广。要增强大学生思想政治理论课获得感，在教学实践中还要不断求新求变，树立创新的教学改革理念，不断更新思想政治理论课教学的"配方"，升级"工艺"，美化"包装"，让思想政治理论课成为配方新颖、工艺精湛、包装时尚的课程。思想政治理论课教师要在实现立德树人的根本目标的基础之上，综合考量思想政治理论课改革创新的各种条件，打破惯性思维，开创思想政治理论课教学的新局面。思想政治理论课教师还应该将思想政治理论课教学放到"立德树人"根本任务的整体规划中，调动一切积极因素来提升思想政治理论课获得感。

再次，思想政治理论课教师自律要严。思想政治理论课教师要能够深耕马列经典、提升科研素养。思想政治理论课教师要以真理的力量打动人，以逻辑的力量震撼人。思想政治理论课教师需要不断提高马克思主义理论水平和科研能力，才能够将教学中的重点难点问题讲深讲透，能够为学生传道解惑，能够以坚定的立场批驳错误的言论和社会思潮。所以思想政治理论课教师首要的是提高自身的马克思主义理论修养，将此作为自己的看家本领。思想政治理论课教师必须"读原著，悟原理"，坚持不懈地认真研读马克思主义经典著作，悟透马克思主义原理。教师只有经过深入研究才能对理论有自己的见解，思想政治理论课教师要以科学的态度研究马克思主义理论，有了研究才能融会贯通，才能在课堂上讲出马克思主义理论的真理性和科学性，才能讲深讲透理论，让学生有获得感。高校思想政治理论课所涉及的理论范围非常广，我们说思想政治理论课教师要"上知天文下知地理"，中华文明五千年，社会主义五百年，思想政治理论课教师都要知道，讲好思想政治理论课，涉猎的理论范围一定要广，因而思想政治理论课教师一定要将学习马克思主义理论和关注中国社会主义建设实践当成本职工作。思想政治理论课教师对业务不懈钻研和端正的学习态度对学生也是一种教育和影响，自律的教师更有可能提升学生对课程的好感，自然会增强对思想政治理论课的获得感。

最后，思想政治理论课教师人格要正，用人格魅力影响学生。使思想政治理论课成为"学生真心喜爱、终身受益、毕生难忘"的课程，这是"05方案"实施以来思想政治理论课确立的课程建设目标，也是广大思想政治理论课教师孜孜以求的教学价值。当前，思想政治理论课要坚持在改进中加强，需要重新审视教师和学生在教学中的定位，建构新型师生关系。良好的师生关系是学生获得感的重要促进因素，也是保障师生共同获得感的基础。思想政治理论课作为公共课，由于缺少和学生之间同学院、同专业等同源因素带来的亲近感，容易导致师生关系的疏离，思想政治理论课教师要通过了解学生需求、寻找共同话语、增加心灵沟通、增强课程研究式学习等方式，构建师生学习共同体，营造良好师生关系。立足增强学生获得感，思想政治理论课教师要转变教学理念，从学生需求出发，服务于大学生思想发展和素质提升需求是思想政治理论课的核心期待。在课堂教学实践的各个环节上，都要树立"以学生为中心"的理念。课前备课时心中有学生，对学生的需求和期待有一个基本的分析和把握，有针对性地进行教学设计。授课过程中注意学生给予的各种反馈信息，不仅包括口头或书面的反馈，还包括学生课堂的直接反应，比如抬头率和互动效果等，抓住学生关心的热点、难点、兴趣点，及时回应学生的关切和反应，以马克思主义理论的科学性和真理性征服学生。越是与学生频繁接近，学习效果越好，学生的获得感自然越强烈。在思想政治理论课课堂之外，思想政治理论课教师也要给予学生关注和关心，注意学生关注的社会话题，认真对待与学生的交流沟通，慎重引导学生处理各种困惑，做学生的领路人，这不仅在教学环节中，而且在学生成长的任何一个环节。

三　注重完善思想政治理论课教师培养培训制度

高校思想政治理论课教师必须具有一定的学科背景和学术功底，不能认为只要能上讲台就能上好思想政治理论课，只要讲过思想政治理论课就能讲好这门课。对思想政治理论课教师的培养培训要一直在路上。思想政治理论课教师不仅需要在已有的学科积累下关注理论前沿和学科动态，给自己充电，还需要不断提高自己接受新鲜事物的能力，提高开发应用新教学资源的能力。思想政治理论课教师要给学生一瓢水，自己先要有一桶水。即使当前部分思想政治理论课教师已经具有博士学位，但是马克思主义理论的发展和学习是无止境的，思想政治理论课教师要不断吸取学科建设和理论发展的最新成果，增强思想政治理论课教学的理论性和科学性，满足学生对了解最新理论成果的需求。即使很多思想政治理论课教师有着长期的教学实践经验，但随着新技术、新方法在思想政治理论课教学中的广泛采用，思想政治理论课教师要从原有的教学惯性思维中走出来，接受出现在思想政治理论课教学中的新鲜事物，并提升自己运用各种资源与工具的能力。

一方面，中央和各级主管部门要为思想政治理论课教师的培训创造更高更广泛的平台。可以定期组织思想政治理论课教师到国内各高校访学和研修，让思想政治理论课教师汲取新的教学养分，开阔视野，增强"四个自信"，在教学中将自己对于理论学习的理解和感悟传达给学生，增强学生的获得感。当然更广泛的思想政治理论课教师的培养培训就在日常的教学实践中，如常态化的理论研讨、集体备课和社会实践等形式都是对思想政治理论课教师的培训和提高。

另一方面，要出台政策，提高思想政治理论课教师待遇，确保思想政治理论课教师岗位的含金量和吸引力，增强思想政治理论课教师的责任感、获得感、幸福感。把思想政治理论课教师也纳入各类高层次人才项目，在"长江学者奖励计划"等人才项目中对思想政治理论课教师加大倾斜支持力度，给予更多关心和支持；推动将思想政治理论课教师作为学校干部队伍的重要来源；因地制宜推动实施思想政治理论课教师岗位津贴；继续实施高校重点马克思主义学院和优秀教学科研团队建设项目，打造一批示范马克思主义学院（教学科研部门）、教研室，设立"高校思想政治理论课教师银龄工作室"，推出一批全国高校"思想政治理论课名师工作室"，择优资助一批思想政治理论课优秀青年教师；加强高校人事制度管理改革，建立一套思想政治理论课教师准入、评价、考核和退出机制，随时将理论素质、教学能力、授课水平达不到课程要求的教师淘汰出去。加强政治纪律建设，严格课堂管理，对极个别在事关政治原则、政治立场、政治方向上不能与以习近平同志为核心的党中央保持高度一致的教师要坚决查处，实行零容忍，绝不姑息迁就。

第四节　加强思想政治理论课教材建设

一　编好高校思想政治理论课教材

在此次问卷调查中，通过归因分析发现，在有很强获得感的群体中，教材质量对获得感的影响是最显著的，与其他群体略有差别，也是在调研以前未曾预计到的情况。由此，笔者认为编好高校思想政治理论课教材是增强思想政治理论课获得感的一条有效途径。

当下，以推进习近平新时代中国特色社会主义思想进入教材为契机，是编好思想政治理论课教材的好时机。思想政治理论课教材应该是学生学习思想政治理论课的最权威的内容供给来源。目前要求各高校使用统编教材，因为统编教材的使用体验是大学生对思想政治理论课获得感的重要组成部分。要求教材能够既有思想性又有可读性，既有严肃性又有生动性，对统编教材的要求是十分高的。各门思想政治理论课程的教材编写，要坚持深入浅出的原则，创新话语体系，使教材更加贴近中国社会实际，更加贴近大学生的学习生活实际。

推动大中小学思想政治理论课教材一体化建设，实现各学段教学内容和目标循序渐进、螺旋上升。我国在大中小学各学段都开设有思想政治理论课，但是各学段的教学目标和内容是应该有层次差异的，为避免大学生学习思想政治理论课产生重复感和排斥，应整体规划各学段的内容和目标。

作为高校思想政治理论课的重要课程，"形势与政策"课与其他四门课在教材使用上要求是不同的。教育部每年春、秋季学期印发《高校"形势与政策"课教学要点》，紧密围绕学习贯彻习近平新时代中国特色社会主义思想特别是习近平总书记最新重要讲话精神，把增强学生对中国特色社会主义的道路自信、理论自信、制度自信、文化自信贯穿教学全过程，有针对性地指导高校"形势与政策"课教学。

二　建设线上教学资源平台和教学资源库

互联网为教材建设提供新的平台与资源，教材建设应充分利用互联网技术。网络上的信息资源纷繁复杂，良莠不齐，这既是对思想政治理论课教材供给的一个挑战，也是一个机遇，我们应该更加积极主动地占领网络阵地，积极主动建设思想政治理论课教学资源库，以优势资源去排除劣质的资源。以正确的导向引导大学生学习思想政治理论课。我们正是可以利用已有的资源，发挥自己的长处，利用各平台、研究室、智库、名师工作室等各种优势资源，建设思想政治理论课教学资源平台，供给大量最新的最权威的信息和案例资源，免费为思想政治理论课教师提供教学服务。要集中全国优势力量打造一批优秀思想政治理论课在线开放课程。这既是对教材滞后性的有益补充，也是提升课堂教学质量的重要举措。

三　加强立体化教辅体系建设

授课必须使用统编教材，但是教辅体系的建设还有很大的开发空间。我们可以编写教学辅导用书和学生辅导材料。鼓励各地各校根据本地本校思想政治理论课开展的实际情况，结合自己的省情校情编写思想政治理论课教学辅导材料和案例集合。

当前还应该大力推进和规范高校马克思主义学院微信公众号建设。马院的微信公众号可以做好教学资源共享、疑难问题解答、教学案例分析、教学成果推广等多项工作，成为良好的教学辅助工具。

第五节　创新思想政治理论课教法

习近平总书记在全国思想政治理论课教师座谈会上为思想政治理论课教学改革创新的原则提出了新的更高的要求。思想政治理论课教学改革创新应坚持"八个相统一"，即政治性和学理性相统一、价值性和知识性相统一、建设性和批判性相统一、理论性和实践性相统一、统一性和多样性相统一、主导性和主体性相统一、灌输性和启发性相统一、显性教育和隐性教育相统一。习近平总书记提出的八个相统一旨在不断增强思想政治理论课的思想性、理论性和针对性、亲和力。在对提升学生获得感的探索中，创新思想政治理论课教学方法，尤其要重视学生的主体地位。

一　夯实高校思想政治理论课实践教学

创新教学方法要提高学生的参与度，应尝试以渗透式的政治理论课教学为主，做到寓教于学、寓教于乐，用包容性的课堂教学让大学生在相互交流中接受教育内容，在讨论中受到启发，在参与中情感相容，自觉自愿地提升思想政治理论水平和素养。也只有大学生自觉自愿地"内化于心"和"化外于行"，才是真正增强思想政治理论课的获得感。

马克思认为"全部社会生活在本质上是实践的"①，"哲学家们只是用不同的方式解释世界，问题在于改变世界"②。开设思想政治理论课根本的目的还是要培养学生树立科学的世界观、人生观和价值观，为把我国建成社会主义现代化的强国而奋斗。为此必然要了解社会主义建设实践，实践教学不但可以让学生了解实践还可以遵循教育规律，提升思想政治理论课学习的效果。增强大学生思想政治理论课的获得感，要利用好实践教学这个渠道。获得感与参与感密切关联，获得感不会从天而降，也不是别人赐予的，而是在积极参与中获得的。高校思想政治理论课实践教学已得到普遍关注，在"05方案"中明确要求高校思想政治理论课所有课程都要加强实践环节。中共中央宣传部、教育部《关于进一步加强高等学校思想政治理论课教师队伍建设的意见》中对在新形势下加强实践教学的改进要求是要使实践教学更加规范化、制度化、常态化，使高校思想政治理论课实践教学有更加完善的制度保障。

当前，思想政治理论课实践教学取得了较好成果，同时也存在一些明显的不足，比如，实践教学制度不健全、教师重视程度不够、高校执行力不强、经费保障不到位，等等。因此，高校思想政治理论课实践教学应不断完善行之有效的制度建设，夯实实践教学的组织、实施、评估、管理、保障机制，使实践教学制度化、常态化、科学化，使实践教学有据可依、有条不紊，做到学校、教师、学生等相关主体明确目标责任，达成共识。实践教学有助于增强思想政治理论课教学效果，发挥学生的主体性，调动学生学习的主动性、积极性和创造性，提升大学生思想政治理论课获得感。

要以增强大学生的获得感为导向，设计教学内容和方法。从学生

---

① 《马克思恩格斯文集》第1卷，人民出版社2009年版，第501页。
② 《马克思恩格斯文集》第1卷，人民出版社2009年版，第502页。

和课程教学的需要出发，让学生有积极参与实践教学的动力，在参与实践环节中满足大学生自身发展的需求和期待。如在实践中了解社会，在实践中体验情况，在实践中寻找解惑的答案。另外，实践教学环节的设计要满足课程教学的需要，思想政治理论课的实践教学是对课程教学的有益补充，能对思想政治理论课课堂教学的内容和方法予以完善和补充。

实践教学的实施过程中，要注重学生参与实践活动的及时反馈。参与实践教学是学生在社会实践中体验课程理论的指导意义并影响个体价值观、世界观的形成，这种体验可能有多种表现形式，指导教师要能及时固化学生的实践获得。

二　用好新媒体技术手段

创新思想政治理论课教学方法要充分利用现代教育技术，将现代信息技术与思想政治课教学深度融合，让思想政治理论课做到因时而进，增强思想政治理论课的针对性和亲和力。当前互联网信息技术的迅猛发展，不仅深刻影响着社会经济生活的各个方面，也深刻影响着人们的生活方式、思维方式和交流方式。在这样的形势下，利用现代技术不仅是对思想政治理论课改革创新的一个很好的突破口，而且还能贴近学生，拉近与学生的距离。现代信息技术融入思想政治理论课，不仅能够拓展思想政治理论课建设的领域，而且能搭建思想政治理论课建设新的平台，扩展思政理论课教学的内容。当代大学生的生活已经与互联网技术无法分割，通过运用新媒体技术，思想政治理论课可以拉近与学生的距离，了解学生的需求。只要能够尊重信息传播的规律，利用新媒体信息技术手段可以极大地提升思想政治理论课教学内容的有效传播，从而提高教学效果，学生也可以有更多的获得感。

首先要加强"互联网＋"教学平台建设。互联网信息技术的融入不仅将这种技术运用到教学中，更重要的是利用这种信息技术搭建新的教学平台。思想政治理论课的教学平台要汇聚优质的思政教育资源，构建立体化、多层次、全方位的课程体系。还可以利用信息化技术实现思想政治理论课教学的个性化定制。即针对不同受众的需求定制个性化教学内容，增强思想政治理论课教学的针对性。教学平台的设计不仅在形式上，而且在内容上是对传统思想政治理论课教学的突破和拓展。在内容上不但可以突破以前无法实现的丰富的教学资源的汇聚。而且可以通过各种维度去选择教学资源，实现教学资源的更优化的配置。在形式上线上线下教学模式的拓展，可以使学生实现跨时间跨空间的学习选择，而不仅仅局限于教学的 45 分钟。而且这种教学方式还增强了互动性，更加尊重学生的主体化需求，增强学生的获得感。

其次要引导学生掌握"互联网＋"学习方法。虽然当代大学生熟悉互联网信息技术的各种终端设备操作，但是利用互联网进行思想政治理论课学习的方法还需要教师充分引导并提供相应的服务。思想政治理论课教师要引导学生合理利用碎片化的时间，实施目标考核的中长期规划，引导学生根据自身实际安排"互联网＋"思想政治理论课学习。另外，思想政治理论课教师还要在互联网上与学生互动、提供学习内容、推动学习研讨活动开展等，切实使"互联网＋"的思想政治理论课学习有实效。

最后要加强"互联网＋"教学管理。"互联网＋"教学方式的确具有便利性、虚拟性的特征，但不能因其是新兴的学习方法而一味只追求推广的覆盖面，不追求学习的质量，反而应该在发展形成的初期加强管理。其实"互联网＋"教学管理上具有传统教学无法比拟的优势。互联网技术是在教学管理、教学数据收集整理和分析上具有获取便利、稳定、准确等优势。在使用中不断提升"互联网＋"教学的便利性，弥补使用中发现的漏洞，能够不断提高学生使用"互联网＋"教学平台的使用率，获取大学生学习思想政治理论课的大数据，为掌握思想政治理论课教学各环节的实际情况创造条件，有利于有针对性地提出改进的措施。从教学管理主体的角度来讲，"互联网＋"教学还可以使思想政治理论课教学单位与其他部门在互联网平台上加强沟通，密切联系，避免信息的不对称而造成的各种障碍和壁垒，进而形成互联网教学的合力。当互联网技术在组织管理上的优势进入到思想政治理论课教学管理中，将使数字化办公带来资源的节约，减少了管理层级，带来了管理效率的提升等。

总之，将"互联网＋"融入思想政治理论课教学之中，不但要用好还要开发好、管理好，使思想政治理论课教学供给与大学生需求相适应，成为思想政治理论课"供给侧"和"需求侧"连接的有效载体。

第六节　健全思想政治理论课机制

一　建立健全领导机制

在 2016 年全国高校思想政治工作会议上，习近平总书记强调了高校思想政治工作的重要性，作为主渠道的思想政治理论课受到极大的重视，成为高校党委的重要工作，各级党组织担负着上好思想政治理论课的主体责任。党委担负起上好思想政治理论课的主体责任不只是在人、财、物上的倾斜和支持，工作的开展和任务的完成需要领导机制的牵引，需要构建系统完备、标准科学、运行有效、保障有力的制度体系。

第一，要做好思想政治理论课建设的顶层设计，从政策层面确保思想政治理论课的地位，多管齐下提升思想政治理论课教学质量。在 2019 年印发的《关于深化新时代学校思想政治理论课改革创新的若干意见》中提出了对地方党委承担思想政治理论课建设主体责任的严格要求，如：要求地方各级党委常委会每年至少召开一次专题会议研究思想政治理论课建设，准确找出制约思想政治理论课建设的问题症结，出台各项有效措施对思想政治理论课在工作格局、队伍建设、支持保障等方面予以有效保证，让高校有"获得感"；还要求各级党委领导班子成员对口联系高校并且上讲台讲思想政治理论课，各级党委和政府主要负责同志每学期结合学习和工作至少讲一次课；对各地党委领导班子进行考核时思想政治理论课建设的情况也列入考核范围。

在高校层面上，落实高校党委书记、校长带头抓思想政治理论课的机制。高校党委担负着本校思想政治理论课建设的主体责任，坚持高校社会主义办学方向，党委书记和校长要旗帜鲜明地站在意识形态工作第一线，充分发挥高校党委的领导核心作用。高校应执行关于思想政治理论课建设的各种政策要求，加强本校思想政治理论课建设，成立思想政治理论课建设的领导机构。思想政治理论课建设是党领导高校的重要内容，高校党委书记、校长作为思想政治理论课建设第一责任人，由校党委直接领导，贯彻落实中央和教育部对思想政治理论课建设的顶层设计的要求，让学校在学科建设、师资队伍建设等重大发展问题上真正重视思想政治理论课建设的需求，一定程度上给予政策的倾斜。党中央和教育部对高校加强思想政治理论课建设提出了具体要求，如要求高校党委书记或校长带头讲思想政治理论课、听思想政治理论课，带头联系支持马克思主义学院的发展，高校党委常委会每学期至少召开一次会议专题研究思想政治理论课建设，高校党委书记、校长每学期至少给学生讲授四个课时的思想政治理论课，高校领导班子其他成员每学期至少给学生讲授两个课时思想政治理论课。要把思想政治理论课建设情况纳入学校党的建设工作考核、办学质量和学科建设评估标准体系，真正使这些要求在高校落到实处，为高校思想政治理论课建设带来新的发展局面。

第二，要抓住主要问题，精准发力。思想政治理论课建设具有长期性和复杂性，各级党委要通过完善工作机制，实施工程项目，逐一解决制约思想政治理论课发展的瓶颈性问题。思想政治理论课建设面临的制约因素千头万绪，学校党委需要建立科学的沟通协调机制，使沟通决策过程制度化、常态化，不因学校领导人的变动而改变，学校党政领导班子要切实负起责任，在制约思想政治理论课课程建设的关键因素上下功夫，给予经费、人员、资源上的长期的大力支持，真正落实思想政治理论课在学校教育教学体系中的重点建设地位。在学校发展规划、公共资源使用中优先保障思想政治理论课建设，在科研立项、评优评先、职务评聘中优先支持思想政治理论课教师。找到关键的制约因素，精准发力，重点突破，才能推动思想政治理论课建设进入到更高的水平和阶段。

第三，要保持各项制度的规范性和稳定性。思想政治理论课建设是一项系统工程，我们既要体现出党委对思想政治理论课建设的重视与支持，也要对思想政治理论课改革的长期性和艰巨性有合理的预期。当前高校思想政治理论课建设正在一个很好的发展机遇期，我们要善于抓住机会加强建设，另外，也应注意建立长效机制，确保思想政治理论课建设的可持续性。各地、各校应该充分发挥自身的积极性、主动性。一是要贯彻落实各项政策和计划，只有制定切实可行的政策措施，才能避免人为因素的干扰，不因人事变动和领导注意力的转变而有所转变。二是必须明确和规范思想政治理论课教学单位即马克思主义学院的职能定位，即负责马克思主义理论的学科建设，负责思想政治理论课教学，负责思想政治理论课教师队伍管理。在此基础上，马克思主义学院还承担着马克思主义理论宣讲、研究、人才培养的重任。三是要落实各项思想政治理论课建设的保障条件。党中央对于思想政治理论课建设出台多个文件，关于课程建设的保障条件早已明确提出，要求各地各高校要加大思想政治理论课建设专项经费投入，按照国家规定的标准落实列支思想政治理论课教师学术交流等培训费用，提高思想政治理论课教师待遇，优化思想政治理论课二级机构办公环境等。但是目前这些条件的落实还存在比较明显差距。一些地方和高校对思想政治理论课的人、财、物保障还没有落实到位，如人员配备不足，建设经费不到位、教学办公条件较差等状况还在相当范围内存在。因此各项保障政策还需要花大力气，加大投入，落到实处。

二 建立多部门协同机制

思想政治理论课建设涉及高校多个职能部门和教师个人，需要构建细化、量化、分解、落实有机统一的责任目标，形成党委全面领导，职能部门、教学院系、教师个人协作配合的责任协调机制。思想政治理论课责任协调机制在顶层设计中要注重系统规划。

第一，增强相关职能部门协调运行。在遵循党委领导下的校长负责制的根本性制度的基础上，各职能部门要加强整体谋划，密切沟通联系，形成有利于思想政治理论课建设的协调运转机制。在教育部印发的《高等学校思想政治理论课建设标准》中将各党群组织、行政机构的责任和分工都已经进行了明确的规定，具有很强的操作性。比如在建设标准中规定了教务处负责思想政治理论课的教学管理制度、课程设置、教学成果评选和教学研究等工作，人事处负责思想政治理论课教师选配、培养培训、职称评聘、经济待遇等工作，团委和学工部门负责在实践教学中职能分工等，总体上讲就是在思想政治理论课的建设上，各职能部门不能事不关己高高挂起，而是要各司其职并且有创造性地积极开展工作。有分工有合作，避免出现互相推诿或者拉扯不清。在党委领导下，建立权责明确、思路清晰的合作机制，推进协同机制的长效性，整合各职能部门力量，形成具有合力的思想政治理论课建设保障体系。

第二，增强两支队伍之间的协调运行。思想政治理论课教师队伍与学生思想政治工作队伍是思想政治教育主体系统中的核心力量，这两支队伍的联系非常紧密，有些思想政治理论课教师兼任学生思想政治工作，有些学生思想政治工作者是思想政治理论课兼职教师，有一定的重复度。思想政治理论课教师队伍与学工队伍协同发展机制是指思想政治理论课教师队伍与学工队伍协调配合，是高校思想政治工作达到功效最大化的状态。学工队伍的工作对思想政治理论课课堂效果的巩固和延伸是思想政治理论课教师所力不能及的。但是，如果学工队伍的工作与思想政治理论课教学不同向，那么在课堂外学工的三分钟可能直接毁掉了思想政治理论课四十五分钟的成效。构建协同发展机制是解决思想政治理论课教师队伍与学工队伍在高校思想政治教育活动中存在非协同性问题的根本性举措。一方面抓好队伍顶层规划设计，建立协同工作机制。在管理机构和管理职能上理顺关系，创新机构设置与管理职能，使两支队伍互促互建。另一方面，要推动队伍内生需求互补，建立协同动力机制等方面构建协同发展机制。从增强学生思想政治理论课获得感角度出发，思想政治理论课教师队伍感到最缺乏的是对大学生个体的学习需求的准确把握，由于与大学生在课前接触不多，对学生的校园生活缺乏直观了解和对学生实际情况无法全面掌握，导致在课堂教学中思想政治理论课的供给与学生的需求不太匹配，从而难以调动大学生学习思想政治理论课的兴趣和积极性，学生的获得感不强。而对学工队伍来讲，感到最缺乏的是运用马克思主义理论的基本原理对学生在思想、行为等方面存在的问题进行系统性的说服教育与思想引导。两支队伍是可以互补的，但是缺乏协同的动力。思想政治理论课教师队伍对了解学生情况和需求的动机并不强烈，因为学情并不影响教师的科研和职称评聘，也不影响教师的评优评先和物质利益。而学工队伍对理论的学习和运用也不是为了巩固思想政治理论课课堂教学的成果和引导学生思想发展，而是出于思想政治工作的实际困难和自身职称评聘需要。因此我们需要激发两支队伍的原生动力，促使两支队伍在需求上实现互补，达到需求上的协同。

第三，增强"思想政治理论课程"与"课程思政"的协同机制。习近平总书记在全国高校思想政治工作会议上指出，高校其他各门课都要守好一段渠、种好责任田，使各类课程与思想政治理论课同向同行，形成协同效应。高校各门课程设置和安排上由于各种原因的长期作用，形成了当前思想政治理论课与其他课程之间还存在着不协调、摩擦甚至彼此相争的情形。如在课程学时的分配上，常有专业课程教师对比思想政治理论课要求增加学时，也有在专业课课堂上发表与思想政治理论课教学内容相悖的言论，这种现象必须改变。目前有些省市和高校在"课程思政"上作出了有益探索，值得借鉴，可以进一步总结经验，加以推广。其一，建立完整的引导机制。校党委、教务部门、学生工作部门、思想政治理论课教学部门、其他各专业学院需要下大力气对各课程的育人功能加以引导，创造机会增进沟通交流，专题讨论"课程思政"问题，以形成共识。在教学实践中往往有不少其他课程教师对课程的思想政治教育责任认识不足，认为专业课程的教师就是讲授好本课程知识就够了，本课程教学中不适宜加入"思政"元素，甚至有的专业课教师认为这是对专业课教学提出的本职以外的工作要求，情绪上有抵触。因此，学校党委、教学管理部门和各专业学院，应引起足够的重视，加强引导，解决专业课教师在思想认识上的问题。其二，建立常态化的工作合作机制。思想政治理论课与其他课程可以在教学设计、教学过程、教学研究和实践教学等环节上加强交流。如通过更广泛的集体备课，让思想政治理论课教师与各专业课程教师有更多的交流。一方面，在专业课程备课时聘请思想政治理论课教师对专业课程的教学设计加入"思政"元素，拓宽专业课"课程思政"的思路；另一方面，思想政治理论课教师在备课时也可以和专业课教师沟通，挖掘与学生专业相关的案例或素材的思政功能，作为思想政治理论课教学的案例。教学活动上的合作还可以进一步延展到教学研究和科学研究上，借助学科的可融合性，进行交叉学科的研究，在各类研究项目中深度合作。把上述的各种合作机制通过制度体制建设规范下来，使思想政治理论课和专业课的合作制度化、规范化、常态化，拓展思政教育的渠道。其三，建立有效的激励约束机制。无论是对专业课教师来讲，还是对思想政治理论课教师来讲，能否实现思想政治理论课程与课程思政的协同，关键还是要落实到教师个人，即使有学校党委、学院的重视和引导，有合作实施的方案，教师没有参与的积极性，以上机制都无法落到实处，只有充分调动起教师的积极性才能推进思想政治理论课程与课程思政的融合发展。因此，必须建立有效的激励约束机制，对积极参与课程思政的教师予以奖励，在职称评定、评优评先、绩效考核等方面予以倾斜。其四，建立有力的监督保障机制。关于"思想政治理论课程"与"课程思政"的协同效果是需要评价的，需要认真研究，建立对两者协同的评价体系，科学评价两者合作的效果，也是探索增强思想政治理论课获得感的必要环节。另外很重要的就是高校要对"思想政治理论课程"与"课程思政"协同创新有经费支持。

第四，增强思想政治理论课教学系统内部的配合协同。思想政治理论课教学中也存在着各种教学要素之间的配合与协同问题。把思想政治理论课教学当作一个系统工程，要增强大学生的获得感，调动思想政治理论课教学各个环节，参与其中的各个主体中的一切因素。从教学环节上来看，在思想政治理论课的备课环节、授课环节、考核环节、评价环节上以整体动态性解构教学行为，将教学内容、教学载体、教学方法有机融合，融会贯通，做到因事而化、因时而进、因势而新，增强思想政治理论课教学的时代性与引领性。从教学各参与主体上看，将教师与学生的智慧与积极性都充分激发出来，增强思想政治理论课教学主体的活力，有效增强大学生思想政治理论课获得感。我们还应意识到，思想政治理论课获得感的提升这一系统工程显现成效也是一个渐进的过程，需要一定时间的积累，非一日之功，不可能在短期内形成一套成熟的协同机制，需要不断在改进中加强。

三　完善评价机制

一直以来，高校思想政治理论课的评价都是个关注度高争议多的问题。在教育部印发的《普通高校思想政治理论课建设体系创新计划》中提到要建设一套导向明确、系统完善的思想政治理论课综合评价体系，并指出评价体系是创新高校思想政治理论课建设体系的关键。综合评价体系实质上是将与思想政治理论课教学相关的各环节和各要素进行全面的、深入的、动态的管理和评价。高校思想政治理论课不同于高校开设的其他专业课程，也不同于英语、计算机等公共课，思想政治理论课有着自身的特殊性和复杂性，具体表现在它的思想性和实践性上。思想政治理论课不仅仅传授知识，而是通过知识的传授塑造学生的世界观、人生观和价值观。因此对思想政治理论课教学的评价不仅要看可以量化的学生课程考试的成绩，还要评价思想政治理论课培育中国特色社会主义事业的合格建设者与可靠接班人的价值目标是否达成，而这一目标确实难以被科学量化。这也是思想政治理论课的评价体系一直难以构建且不易推广的重要原因。到底该如何建立一个什么导向、包括什么内容的综合评价体系呢？从当前评价体系的现状着手，笔者认为可以关注以下三个方面。

（一）健全马克思主义理论学科建设评估制度，建立动态评价机制

对思想政治理论课的评价不能脱离对学科建设的评价，当前对马克思主义学科建设的评价覆盖面广，评价体系比较成熟，随着"双一流"的建设和全国重点马克思主义学院的建设，以评促建的

效果显现。但是令人担忧的评估简化和异化的倾向出现了。对学科评价变成了硕士学位点与博士学位点的竞争，而硕士学位点与博士学位点的竞争又进一步转化为项目、科研成果、奖项的比拼。如何保持评价的初心，保证评价的公正、客观、全面是摆在我们面前亟待解决的问题。首先组织起一批公正、权威的评价主体。可以建立一支相对独立的评价主体，通过开放的跨区域的交叉检查保证其公正性。其次建立动态评价机制。通过定期督查和跨区域全覆盖的交叉检查让评价成为常规工作，保证评价的全面性。最后建立评价反馈整改机制。评价的目的不是为了得到评价结果，而是为了改进。必须建立健全评价结果反馈机制与整改机制，并且将评价与整改相结合，良性循环，真正构建起动态评价机制。

（二）构建思想政治理论课教学质量测评工作体系，完善教学质量测评机制

加强对教师教学过程的评价，合理区分各教学评价主体的评价功能，使管理部门评教、学生评教、教学督导评教、同行专家评教既各有侧重又相辅相成，建立科学合理的教师教学评价体系。思想政治理论课教学质量如何关键看教师。我们目前对思想政治理论课教学评价实际上是对教师的评价，科学的评价体系不仅是课程评价体系的重要组成部分，也是对思想政治理论课教师的有效激励。思想政治理论课教师也需要从思想政治理论课教学中得到获得感，获得感一方面需要在思想政治理论课教学实践中获得，另一方面也需要从思想政治理论课教学评价中获得。如果评价体系不科学，得到的评价不能公正客观地反映思想政治理论课教师的工作投入，那么将会极大地损害思想政治理论课教师工作的积极性，影响思想政治理论课教学。依然是从评价是为了改进的目标出发，我们应该从思想政治理论课教学的实际出发，构建全面的客观的具有可操作性的思想政治理论课教学评价体系。首先明确对思想政治理论课教学评价的导向。根据思想政治理论课的特殊性，要强调思想政治理论课教学质量，提出改革教学和科研的任务，鼓励思想政治理论课教师把更多的精力放在研究教学内容、创新教学方法、提高教学实效性上。其次职称评定上的政策倾斜。切

实建立起符合思想政治理论课特点的职称评聘标准，反对"四唯"标准，为思想政治理论课教师职业发展解除后顾之忧。再次完善思想政治理论课教师先进典型宣传表彰机制。当前，我国已经开展各项关于思想政治理论课教师的先进示范典型的评选和评比，通过推选年度影响力人物、教学名师、教学能手和优秀团队等途径树立了一批先进典型，下大力气宣传，以点带面，形成示范效应。在此基础上，还要使宣传优秀思想政治理论课教师常态化。最后落实对思想政治理论课建设的奖励办法，逐步形成国家、地方和高校三级的立体激励机制，给予广大思想政治理论课教师物质的和精神的、综合的和专项的、教学的和科研的等各类各项各级奖励，以此扩大激励教师的覆盖面。

（三）深入把握高校思想政治理论课教学评价的特殊性，完善对大学生学习效果的评价

立足于围绕学生、关照学生、服务学生，以学生获得感为评价导向，以"有虚有实、有棱有角、有情有义、有滋有味"为根本标准，构建立体化的大学生学习效果评价体系。在《关于深化新时代学校思想政治理论课改革创新的若干意见》中强调了各阶段学校思想政治理论课的指挥棒的功能，指出要将学生学习思想政治理论课的情况纳入综合素质评价体系，并且作为在中考、高考、研究生等重大选拔考试中的重要参考，还对学生评奖评优和加入中国少年先锋队、中国共产主义青年团、中国共产党有重要影响。这将引起学生对思想政治理论课的学习实践活动的重视。学生重视思想政治理论课的学习，必将重视思想政治理论课的考核，因此，必须不断完善对大学思想政治理论课学习效果的评价，做到评价的公平和全面。过程性评价将是对大学生学习思想政治理论课效果的评价的发展趋势。

第七节   营造思想政治理论课环境

一 建立健全各级组织机构

首先，加强高校党委对思想政治理论课建设的重视。高校党委

是保证高校社会主义办学方向的关键，掌握着学校思想政治工作主导权。高校党委书记、校长是落实思想政治理论课教学工作"第一责任人"，校长要切实负起政治责任和领导责任，要把高校思想政治工作摆在重要位置，建立加强思想政治理论课建设的领导机构，做好思想政治理论课建设，为思想政治理论课建设创造较大的发展空间。

其次，塑造服务型的思想政治理论课教学管理部门。思想政治理论课教学有其特殊性，在思想政治理论课教学管理上应该了解和掌握这些特殊性，并根据素质课教学规律对思想政治理论课教学进行管理。当前，各高校对思想政治理论课的教学管理还存在着粗放、维度单一等情况。思想政治理论课教学管理部门的工作跟不上教学改革的进度不仅仅是工作方法的问题，更深层的原因是管理理念的问题。思想政治理论课教学管理部门如果仅从管理需要出发，可能会制约思想政治理论课教学和改革创新。比如，思想政治理论课考核方式改革，与之相关联的教学档案也就是传统意义上的试卷的管理也要相应地作出调整。思想政治理论课要关注学生成长需求，关注教学实践的过程或其他教学环节的改革尝试。这些现实都要求高校思想政治理论课教学管理部门转变管理的理念，树立服务意识，转变工作职能，服务学生、服务教师、服务教学。而不是将自己定位为对教学、教师和学生的管理者。转变了工作理念，在工作方法和手段上也会出现相应的转变和创新，以适应思想政治理论课教学的改革创新，并能促进思想政治理论课的教学。

最后，强化马克思主义学院建设。近年来，各高校纷纷加强了马克思主义学院建设，在体制机制上使马克思主义学院独立设置。目前还要能切实了解和掌握各地各层次高校的马克思主义学院发展中面临的实际问题，在学院职能的发挥上遇到的困难等，予以及时解决，一时解决不了的也要予以重视，为把马克思主义学院建设成为理论教学、科学研究和人才培养的坚强阵地提供保障。

二　保证各类课程与思想政治理论课同向同行

全国高校思想政治工作会议提出"其他各门课都要守好一段渠、种好责任田，使各类课程与思想政治理论课同向同行，形成协同效应"。高校要坚持以"思想政治理论课程"为主导，"思想政治理论课程"与"课程思政"相统一，构建高校思想政治理论课建设"大格局"。立足于全员、全方位、全过程育人，协调各方面力量共同推进思想政治理论课建设。构建"思想政治理论课程"与"课程思政"相统一的大格局还需要坚持内外结合，包括课内外、院内外、校内外，将各方面资源在课程、科研、实践、文化、网络、心理、管理、服务、资助、组织等方面统筹起来，更好地发挥各类课程的育人功能，真正汇聚起思想政治理论课建设的强大合力。

三　实现思想政治理论课与日常思想政治教育协同育人

高校思想政治理论课是大学生思想政治教育的主渠道，日常思想政治教育是大学生思想政治教育的主阵地，思想政治理论课和日常思想政治教育同样是以"立德树人"为根本目标，都是高校思想政治教育的重要组成部分，两者协同育人是必然的，并且由于在育人机制上的互补性，在大学生思想政治教育中扮演着不同角色，发挥着不同的效用。新时代实现思想政治理论课与日常思想政治教育共同聚力、协同育人，对大学生产生从理论知识习得到坚定理想信念形成的转变并养成行为习惯的获得感具有重要的作用。推进思想政治理论课"第二课堂"的建设，在人才培养方案中明确对"第二课堂"学习的要求，有计划有步骤地开展各类"第二课堂"活动，对学生的参与情况进行记录和考核，并将考核结果计入学生学习档案，探索"第二课堂"常规化、规范化和制度化的建设，更好发挥"第二课堂"功能。加强马克思主义理论学习类学生社团的建设，增强学生文化活动的理论品质。以学生喜闻乐见的形式，引导学生"走下网络、走出宿舍、走向操场"开展理论学习和实践活动，不断提高学生的马克思主义理论素养和思想道德品质。

四　形成多元主体参与的思想政治理论课教学供给系统

思想政治理论课教学的供给不能仅限于高校，整个供给系统应该包括高校外的多元的社会主体。思想政治理论课要进行"供给侧"改革，不仅要在高校内部进行，还要将眼光放到高校以外。高校可以和政府、企业和其他社会团体进行合作，为高校思想政治理论课改革提供支持。社会主体参与到思想政治理论课建设中可以为教学提供从思路到内容、从方法到人员的支持和创新，使思想政治理论课的供给更加贴近社会实际，更加贴近学生需求。比如，政府、企业或其他社会团体能够为思想政治理论课教学提供校外实践的平台和基地，能够为思想政治理论课教学提供鲜活的案例，能够为思想政治理论课教师进行考察培训，保持高校思想政治理论课课堂与社会的有效对接。目前企业和社会团体与高校的合作项目比较多，合作的领域也比较广，但是与思想政治理论课建设的合作还有很大的发展空间。我们需要有规划地与社会主体构建思想政治理论课教学供给系统，提高思想政治理论课教学内容与社会发展变化的适应性，实现供给系统的多元化，尽量避免资源浪费。当然这种合作也是双向的，高校思想政治理论课也可以为社会主体提供服务，比如宣讲其他智力支持。总之，这种多元的思想政治理论课教学供给系统能够有效增强思想政治理论课的亲和力和针对性，增强学生的获得感。

除此之外，做好思想政治理论课改革创新的舆论氛围的营造。加大宣传力度，首先加大在各主流媒体上报道各地各校思想政治理论课建设的经验与成果，扩大社会影响塑造高校思想政治理论课的社会形象。人民群众非常关心高校立德树人的成效，通过各媒体将思想政治理论课教学的成效对外宣传是对人民群众关心的回应，并可以塑造思想政治理论课的良好形象，让人民群众更多了解思想政治理论课教学，获得更多社会支持，比如学生家庭的支持。主动宣传也可以使高校获得更多话语主导权，引领关于思想政治理论课建设的话语导向。

第七章 善用"大思政课"提升学生获得感

思想政治理论课是落实立德树人根本任务的关键课程。新的历史方位、新的发展阶段对高校思想政治理论课建设提出了新任务和新要求。党的十八大以来,习近平总书记高度重视思想政治理论课建设,多次通过专题座谈、校园考察、致信勉励等方式,对思想政治理论课建设作出了一系列重要论述和部署。2021年3月6日,习近平总书记在看望参加全国政协会议的医药卫生界教育界委员时提出:"'大思政课'我们要善用之,一定要跟现实结合起来。"①"'大思政课'我们要善用之"这一重要命题的提出,不仅为我们进一步办好思政课提供了根本遵循,也为我们进一步深化思政课改革创新提供了新动力。我们应科学理解"大思政课"的内涵,深刻认识善用"大思政课"之于提升大学生获得感的意义,进而探索善用"大思政课"提升学生获得感的路径,以之推动新时代思政课在守正创新中进一步发展,培养社会主义事业的合格建设者和可靠接班人。

第一节 "大思政课"的提出与内涵

党的十八大以来,以习近平同志为核心的党中央高度重视思想政治理论课建设,就加强思想政治理论课建设作出了一系列重要部署和

---

① 《"大思政课"我们要善用之》,《人民日报》2021年3月7日第1版。

安排。尤其是在 2019 年 3 月习近平总书记专门主持召开学校思想政治理论课教师座谈会并发表重要讲话,思政课在党中央治国理政战略全局中的地位日益凸显。近年来,高校思政课的教学质量和水平有了大幅度的提升。同时,一些地方和学校在开门办思政课、实践教学、大中小学思政课一体化建设、课程思政等方面存在着不足和问题。新时代对高校思想政治理论课建设也提出了新任务和新要求,"大思政课"就是适应这种现实需求而提出的。

一 "大思政课"的提出

(一)"大思政课"提出的历程

党的十八大以来,以习近平同志为核心的党中央高度重视思想政治理论课建设,习近平总书记通过专题座谈、校园考察、致信勉励等方式,多次强调了思想政治理论课建设。党中央先后召开全国高校思想政治工作会议、全国教育大会。2016 年 12 月,在全国高校思想政治工作会议上,习近平总书记强调要"用好课堂教学这个主渠道,思想政治理论课要坚持在改进中加强,提升思想政治教育亲和力和针对性,满足学生成长发展需求和期待,其他各门课都要守好一段渠、种好责任田,使各类课程与思想政治理论课同向同行,形成协同效应"①。2018 年 5 月 2 日,习近平总书记在北京大学专门考察了马克思主义学院,并提出要把立德树人的成效作为检验学校一切工作的根本标准。2019 年年初,习近平总书记去南开大学考察时也强调了思政课建设。2019 年 3 月习近平总书记专门主持召开学校思想政治理论课教师座谈会,他强调办好思政课"要建立党委统一领导、党政齐抓共管、有关部门各负其责、全社会协同配合的工作格局,推动形成全党全社会努力办好思政课、教师认真讲好思政课、学生积极学好思政课的良好氛围"②。2019 年 8 月,中共中央办公厅、国务院办公厅印发

---

① 《习近平在全国高校思想政治工作会议上强调:把思想政治工作贯穿教育教学全过程开创我国高等教育事业发展新局面》,《人民日报》2016 年 12 月 9 日第 1 版。

② 习近平:《思政课是落实立德树人根本任务的关键课程》,《求是》2020 年第 17 期。

了《关于深化新时代学校思想政治理论课改革创新的若干意见》，就深化新时代学校思想政治理论课改革创新提出意见。2020 年 12 月，中共中央宣传部、教育部关于印发《新时代学校思想政治理论课改革创新实施方案》，提出要充分发挥思想政治理论课在立德树人中的关键课程作用，循序渐进、螺旋上升地开设好大中小学思政课。2021 年中共中央办公厅印发了《关于加强新时代马克思主义学院建设的意见》。

　　2021 年 3 月 6 日，习近平总书记在看望参加全国政协会议的医药卫生界教育界委员时提出了"善用'大思政课'"。2021 年 9 月，中共中央办公厅《关于加强新时代马克思主义学院建设的意见》提出大力推进思想政治理论课改革创新，在政治引导、学理阐释和价值塑造上下功夫，提升教学实效。要求牢固树立全员、全程、全方位育人理念，建立协同育人机制，实现课程思政与思政课程同向同行、日常思政工作与思政课程同频共振。此后，教育部印发修订后的《高等学校思想政治理论课建设标准（2021 年本）》，要求全面贯彻落实习近平总书记关于思政课重要讲话精神，"'大思政课'我们要善用之"的新指示在新《标准》修订中体现，深化了新时代学校思政课改革创新。2022 年 4 月 25 日，习近平总书记到中国人民大学考察，第一站是思想政治理论课智慧课堂。讲到思政课教学，他强调"思政课的本质是讲道理，要注重方式方法，把道理讲深、讲透、讲活，老师要用心教，学生要用心悟"。鼓励各地高校积极开展与中小学思政课共建，共同推动大中小学思政课一体化建设。① 为深入贯彻落实习近平总书记关于"大思政课"的重要指示批示和在中国人民大学考察时的重要讲话精神，2022 年 7 月，教育部等十部门印发了《全面推进"大思政课"建设的工作方案》，要求"坚持开门办思政课，强化问题意识、突出实践导向，充分调动全社会力量和资源，建设'大课堂'、搭建'大平台'、建好'大师资'，建设全国高校思政课教研系统，设立一批实践教学基地，推出一批优质教学资源，做优一批品牌示范

---

　　① 《习近平在中国人民大学考察时强调坚持党的领导传承红色基因扎根中国大地走出一条建设中国特色世界一流大学新路》，《人民日报》2022 年 4 月 26 日第 1 版。

活动，支持建设综合改革试验区，推动思政小课堂与社会大课堂相结合，推动各类课程与思政课同向同行，教育引导学生坚定'四个自信'"①。"大思政课"建设将成为"十四五"时期推动思政课高质量发展的重要抓手，营造全党全社会努力办好思政课、教师认真讲好思政课、学生积极学好思政课的良好氛围。

（二）"大思政课"提出的背景

实践是理论形成与发展的基础。每一门思政课程的设置、内容安排和目标设定都是围绕党和国家的中心工作、结合社会实践需要而确定的，这是"大思政课"提出的实践背景。"大思政课"的提出，既是我们党对思政课建设宝贵经验的传承与弘扬，也体现了对新时代思政课建设规律认识的深化与升华。2019 年 3 月，习近平总书记在学校思想政治理论课教师座谈会上对思政课教师提出的"六个要"要求，思政课改革创新应坚持的"八个相统一"原则，是对党的十八大以来思政课建设经验和规律的系统总结和高度凝练。"大思政课"作为习近平总书记最新提出的思政课建设理念，是对思政课建设经验的传承和发展，是对思政课教师更好落实"六个要"要求的重要遵循，是对思政课改革创新更好坚持"八个相统一"原则的一贯秉承，是办好思政课的理念再更新、视野再开阔和格局再拓展。新时代建设好"大思政课"，要坚持因事而化、因时而进、因势而新的原则，开门办思政课，一定要跟现实结合起来，真正把思政课办成阐释中国之治的理论大课、呈现中国奇迹的实践大课、激发青春担当的时代大课。

思想政治理论课作为落实立德树人根本任务的关键课程，作用不可替代。一方面，思想政治理论课在改革创新中加强，取得显著成效。近年来，思政课在党中央治国理政战略全局中的地位日益凸显，发展环境和整体生态发生根本性转变，思政课教师队伍建设实现历史性突破，思政课教学效果大幅提升。② 另一方面，一些地方和学校对

① 《〈全面推进"大思政课"建设的工作方案〉印发——建设大课堂　搭建大平台》，《人民日报》2022 年 8 月 26 日第 6 版。

② 《〈全面推进"大思政课"建设的工作方案〉印发——建设大课堂　搭建大平台》，《人民日报》2022 年 8 月 26 日第 6 版。

思政课建设的重视程度还不够，开门办思政课、调动各种社会资源的意识和能力还不够强，有的学校教师数量不足、质量不高，课程思政存在"硬融入""表面化"等现象。面对这样的现象，新时代提出"大思政课"理念，正当其时，不仅提供了解决以往思政课教学面临的难点与不足的新思路，更为新时代思政课守正创新指明了新方向。

1. 思政课建设取得的成效

思政课在党中央治国理政战略全局中的地位日益凸显。新时代新征程，在党中央治国理政的战略全局中，尤其是在实施教育强国战略的过程中，高校思政课的重要地位日益凸显。教育是民族振兴、社会进步的重要基石，党的二十大提出"加快建设教育强国"，以教育强国建设作为全面建成社会主义现代化强国、实现中华民族伟大复兴的有力支撑。办好思政课，最根本的是要全面贯彻党的教育方针，解决好培养什么人、怎样培养人、为谁培养人这个根本问题。二十届中央财经委员会第一次会议提出："把教育强国建设作为人口高质量发展的战略工程，全面提高人口科学文化素质、健康素质、思想道德素质。"这是党中央对教育强国建设作出的又一重要指示，进一步明晰了教育强国建设的根本方向与目标。而其中思政课是习近平总书记非常关心的一件事。近年来，党中央出台了一系列相关文件，对思政课建设进行了科学部署和谋划。2019 年中共中央办公厅、国务院办公厅印发了《关于深化新时代学校思想政治理论课改革创新的若干意见》；2021 年中共中央、国务院印发了《关于新时代加强和改进思想政治工作的意见》。这些重要文件为加强和改进新时代学校思政课改革创新明确了指导思想、基本原则、建设方向、路径和方法。推进高校思政课高质量发展，既是深化贯彻落实党的二十大精神和习近平新时代中国特色社会主义思想的应有之义，也是持续发挥思政课立德树人关键课程重要作用的必然要求。

思政课发展环境和整体生态发生根本性转变。近年来，地方党委思政课建设主体责任不断压实，高校党委书记、校长带头抓思政课的体制机制不断健全，党的领导贯彻到思政课建设全过程、各方面，成为思政课建设的优势所在、底气所在。新修订的《高等学校思想政治理论课建设标准（2021 年本）》规定，学校党政主要负责同志每学期至少给学生讲 4 个课时思政课，高校领导班子其他成员每学期至少讲 2 个课时思政课，党委书记、校长及分管思政课建设、教学、科研工作的校领导每学期至少听 1 课时思政课。此外，学校各职能部门（如宣传、教务、科研、财务、团委等）要结合自身特点和功能定位，协同支持办好思政课。在思政课建设和马克思主义学院建设上，不断强化"马院姓马、在马言马"的鲜明导向，把思政课教学作为高校马克思主义学院基本职责，将马克思主义学院作为重点学院、马克思主义理论学科作为重点学科、思政课作为重点课程加强建设，在发展规划、人才引进、公共资源使用等方面给予马克思主义学院优先保障。

思政课教师队伍建设实现历史性突破。在教师队伍建设方面，不仅增加了教师数量，还提高了教师质量。教育部社科司数据显示，截至 2021 年年底，高校思政课专兼职教师超过 12.7 万人，比 2012 年增加 7.4 万人。[①] 习近平总书记指出："有高质量的教师，才会有高质量的教育。"党的十八大以来，我国围绕建强思政课教师队伍，出台了一系列有针对性的举措，使得全国思政课教师质量不断提升，队伍管理体系更加完善。思政课教师队伍层次结构更加科学，构建老、中、青一体化的"橄榄型"教师队伍，专职思政课教师队伍呈现年轻化态势，49 岁以下教师占 77.7%，专职思政课教师队伍职称结构趋向合理，具有高级职称的占 35%。国家社科基金、教育部"繁荣计划"设立思政课研究专项，2019—2021 年累计立项近 1000 项，支持经费近 3 亿元。各地陆续落实专职思政课教师岗位津贴。不断加大思政课教师培训力度，完善研修培训体系，丰富思政课教学资源供给，健全思政课示范推广制度，全面提升思政课教师的核心素养，以高质量教师队伍推动思政课教学高质量发展。

思政课教学效果大幅提升。2017 年，教育部高校思政课"教学质量年"大调研的统计结果显示，思政课课程优良率达 83.2%，

---

① 《全国高校思政课专兼职教师超 12.7 万人》，《中国青年报》2022 年 3 月 18 日第 2 版。

86.6%的受访学生表示非常喜欢或比较喜欢上思政课，91.8%的受访学生表示非常喜欢或比较喜欢自己的思政课老师，91.3%的受访学生表示在思政课上很有收获或比较有收获。[①]

2. 思政课建设中存在的问题与不足

习近平总书记在中国人民大学考察时强调："思想政治理论课能否在立德树人中发挥应有作用，关键看重视不重视、适应不适应、做得好不好。"有些地方和学校对思政课建设的重视程度还不够，开门办思政课、调动各种社会资源的意识和能力还不够强，对实践教学认识不足、重视不够，大中小学思政课一体化建设亟须深化，课程思政存在"硬融入""表面化"等现象。从现实来看，社会各界对合力办好思政课是全社会的共同责任还未形成共识，教育系统外的组织和个人还普遍认为思政课建设是学校的事情，导致家庭、社会协同支持高校开展思想政治教育、进行人才培养的意识不强、认识不足，自然行动力也不够，无法形成共振合力。学校开门办思政课、调动各种社会资源的意识和能力还不够强，一些学校对调动社会资源办校、搞科研有较高热情和动力，对调动社会资源办思政课认识不足、重视不够。还有一些思政课教师由于各种因素的影响，在教学中对马克思主义理论的讲解不清楚、不深刻、不透彻，出现填鸭式、大水漫灌式教学，照念教材、照念课件，思政课堂枯燥无味、没有生命力等问题。尽管习近平总书记在学校思想政治理论课教师座谈会上的讲话中提出："要挖掘其他课程和教学方式中蕴含的思想政治教育资源，实现全员全程全方位育人。"但是，在课程思政资源的挖掘和融入上还不够，出现课程思政存在"硬融入""表面化"等现象。其实所有课程中都蕴含着丰富的思想政治教育元素，所有教师都承担着立德树人的神圣使命，但由于部分专业课教师的课程思政意识和能力有待提高，对思想政治教育资源是什么、包括哪些内容，可以从哪些角度、用哪些方式去挖掘本课程的育人资源，还存在思想上的困惑和行动上的能力不

① 吴潜涛、赵政鑫：《党的十八大以来思政课教学质量建设成就述评》，《思想政治工作研究》2022年第40—43期。

足,导致在教学中对所授课程蕴含的思想政治教育元素认识不清、挖掘不够,出现为了课程思政而思政的"表面化",知识教育与价值引导的嵌入性、融入性、渗透式不强,存在生搬硬套的"硬融入",不仅影响了专业课程的知识传授效果,更影响了育人效果。

二 "大思政课"的内涵

善用"大思政课",首先要科学理解"大思政课"的内涵。对"大思政课"内涵的科学理解,一方面要吃透讲话文件精神,从中国式现代化建设的宏大实践出发理解"大思政课";另一方面要把握教育教学规律,从思政课性质和教学实践出发,运用教育学、心理学等理论资源,对"大思政课"作出学理和实践形式的阐释。

(一)"大思政课"之大

"大思政课"之"大"在于遵循思政课铸魂育人的价值逻辑和实践规律,通过把"思政小课堂"同"社会大课堂"结合起来,促进课程的理论性与实践性相统一,进而让课程内容入脑入心入行。

"大思政课"有"大视野"。"大思政课"的大视野将思政课放在世界百年未有之大变局、中华民族伟大复兴的战略全局这"两个大局"中把握,从坚持和发展中国特色社会主义、建设社会主义现代化强国、实现中华民族伟大复兴的高度对待。这就必然要求我们从更宏大的视野和更高远的视角把握和运用课程育人的目的和规律,实现各门课程的育人任务。"大思政课"的大视野将思政课放在实现中国式现代化、实现中华民族伟大复兴的历史进程中看待,从中国共产党领导中国人民推进中国特色社会主义取得的历史性变革和成就的高度对待。这就要求我们坚持大历史观和辩证思维,更有针对性和实效性地阐释思政课程的基本理论。善于讲述中国理论、弘扬中国精神、彰显中国价值、凝聚中国力量。这些可见、可信、可敬的发展成就能够力证马克思主义为什么"能"、中国共产党为什么"行"、中国特色社会主义为什么"好",助力学生把课堂上的理论性知识、观点、方法等内化为自身的思想自觉与行动自觉。

"大思政课"有"大价值"。"大思政课"之大价值在于课程的使命担当重大。思政课作为落实立德树人根本任务的关键课程，承担着培养堪当民族复兴重任的时代新人的重大使命。习近平总书记强调："思政课教师要有家国情怀，心里装着国家和民族，在党和人民的伟大实践中关注时代、关注社会，汲取养分、丰富思想。"① 这里所说的"在党和人民的伟大实践中关注时代、关注社会"，就是大思政课中家国情怀的根本要求。"大思政课"胸怀"国之大者"，突出新时代思政课的大担当和大情怀，通过讲好"大思政课"，增强学生在知识理论、理想信念、情感体验和实践行为等方面的获得感，引导学生成长为德智体美劳全面发展的社会主义建设者和接班人。

"大思政课"有"大格局"。"大思政课"的大格局体现在把"思政小课堂"与"社会大课堂"结合起来，形成了学校与社会多元协同的教育"大格局"，进一步强化思政课育人的全员化、全程化、全方位化。2016 年 12 月，习近平总书记在全国高校思想政治工作会议上提出："把思想政治工作贯穿教育教学全过程，实现全过程育人、全方位育人。""大思政课"作为思政课建设的新理念新方法，要求能够充分动员社会各方教育力量，整合利用各方教学资源，打造融"大平台""大资源""大师资"为一体的育人"大格局"。"大思政课"就是打通原有的思政课堂的各种壁垒，真正把思政课教育教学的场域有效扩展至社会大课堂，开放办好思政课，广泛动员多方力量办思政课，让思政课的理论教育、精神塑造和价值引领与悠久的历史和鲜活的实践联系起来，增强学生"四个自信"的认同感。

（二）"大思政课"之思政课

"大思政课"本质是思政课，它具有思政课的课程属性。思想政治理论课是落实立德树人根本任务的关键课程，具有鲜明的意识形态特征和价值导向。习近平总书记指出，"办好思想政治理论课，最根本的是要全面贯彻党的教育方针，解决好培养什么人、怎样培养人、为谁培养人这个根本问题"，并且强调"办好思政课，就是要开展马

---

① 习近平：《思政课是落实立德树人根本任务的关键课程》，《求是》2020 年第 17 期。

克思主义理论教育，用新时代中国特色社会主义思想铸魂育人"。①
"大思政课"必然也要遵循铸魂育人的价值导向，坚持用习近平新时代中国特色社会主义思想铸魂育人，为培育中国特色社会主义事业时代新人提供价值引领。

"大思政课"建设要遵循思政课程建设规律。"大思政课"理念是习近平总书记关于办好思政课重要论述的核心要义，也是贯穿新时代学校思政课建设理论与实践的一条鲜明逻辑主线。思政课不仅是传授理论知识的课程，还是传递价值信念的课程，不仅是进行学术探讨研究的平台，还是进行思想政治教育的平台。"大思政课"就是要讲清楚道理，讲清楚中国共产党为什么"能"、马克思主义为什么"行"、中国特色社会主义为什么"好"，帮助学生坚持"两个确立"、增强"四个意识"、坚定"四个自信"、做到"两个维护"。善用"大思政课"，在改革中不断加强思政课建设。

"大思政课"既不是重新开设一门课程，或是将现有的思政课程合并，也不是要推翻现有的思政课体系，而是体现为在理念上的突破、内容上的整合、方法上的创新。

第二节　"大思政课"对高校思政课建设的意义

一　"大思政课"对高校思政课的影响

（一）"大思政课"深化了思政课的本质认识

2021 年全国"两会"期间，习近平总书记首次提出了"'大思政课'我们要善用之"的重要论断。"大思政课"让思政课走进社会、融入社会，思政课在改进中加强应充分考虑社会性的维度，注重从社会中汲取丰富养料，不仅在学校小课堂讲思政课，更要在广阔的社会空间立德树人，由"学校小课堂"走向"社会大课堂"。"大思政课"

---

①　习近平：《思政课是落实立德树人根本任务的关键课程》，《求是》2020 年第 17 期。

不只是思政课形式的拓展，而且是对思政课本质的延伸。"大思政课"通过发挥社会资源的育人价值，拓宽思政课的育人载体，将"学校小课堂"和"社会大课堂"充分结合起来，更为有效地落实高校课程育人的根本使命。

"大思政课"的提出有助于使思政课回归思政课应有的课程本质。思政课是落实"立德树人"根本任务的关键课程。在"百年未有之大变局"和"两个一百年的历史交汇期"大背景下，习近平总书记以更宏大的视野、更高远的立意、更宽广的格局提出了"大思政课"，更加鲜明地论述了思政课建设的要求，也反映了对思政课本质的要求。习近平总书记在视察中国人民大学时曾指出："思政课的本质是讲道理，要注重方式方法，把道理讲深、讲透、讲活，老师要用心教，学生要用心悟，达到沟通心灵、启智润心、激扬斗志。"思政课的本质是"讲道理"，这里的"道理"不仅仅是马克思主义基本原理，必然也包含实现了中国化时代化的马克思主义之"理"，具有鲜明的社会历史规定性。讲道理还要注重方式方法，把思政课的道理讲深、讲透、讲活，必然需要密切联系实际，关注经济社会发展的具体实际，必然要面向广大学生，满足广大学生的现实需求。

（二）"大思政课"阐明了思政课建设的逻辑理路

尽管"大思政课"是关于思政课建设的新提法，但"大思政课"蕴含着深邃的理论逻辑、历史逻辑与现实逻辑。

"大思政课"阐明了思政课建设的理论逻辑。思政课具有鲜明的价值导向，"大思政课"要引导学生在"小我融入大我"中彰显人生价值。这要求"大思政课"要实现课堂与社会的贯通、理论与实践的贯通、历史与现实的贯通，引导学生将"小我"融入"大我"，在实现中华民族伟大复兴中实现青春。"大思政课"秉持"理论与实践相结合"的方法论原则。"理论与实践相结合"的方法论原则强调思政课将"教室小课堂"延伸到"社会大课堂"，将课堂与社会联系起来，实现理论与实践相统一，促使思政课教学的隐性效果得以在课堂之外彰显。"大思政课"主张全社会共同育人，最大化地实现思政课教学需要教师、学生、家庭、学校、社会、政府全方位齐参与齐助力，形成全社会共同育人格局。

"大思政课"阐明了思政课建设的历史逻辑。"每一个时代的理论思维，包括我们这个时代的理论思维，都是一种历史的产物，它在不同的时代具有完全不同的形式，同时具有完全不同的内容。"[①] 从思政课的发展历程可以看出，在我国建设的不同时期，思政课建设也面临不同的现实，具有不同的内容和要求。党的十八大以来，党和国家从实现中华民族伟大复兴的战略高度出发，结合"两个大局"的现实要求，围绕思政课建设，召开了多次重要会议、出台了多项重要文件，为办好思政课指明了方向，奠定了基础并取得了成效。如今提出"大思政课"建设，这是根据时代变革要求与时俱进、不断创新的必然结果，是对以往思政课建设宝贵经验的传承与弘扬，也体现了对课程建设规律的把握和深化。

"大思政课"阐明了思政课建设的现实逻辑。党的十八大以来，思政课建设取得了历史性成就，但我们也应清醒认识到，思政课还存在重课堂教学轻实践教学、说理不深刻不透彻不鲜活等现象。"大思政课"是回应思政课挑战的战略选择。"大思政课"的提出为思政课建设指明了方向，思政课将不断创新课堂教学和实践教学，切实推动思政课高质量发展。讲授思政课不能干巴巴的，要把课程背后的时代意蕴、社会气息讲出来，要在丰富多彩的社会实践中讲好思政课。思政课如果做不到与社会精准对接、有效融入，就很难适应社会的需求，让学生产生获得感。

（三）"大思政课"拓宽了思政课的实践路径

"大思政课"在实践层面，极大地推动了思政课的实践空间，拓宽了思政课的提升路径。"大思政课"建设拓展了思政课育人的空间、载体和方法。"大思政课"建设激活全社会空间中的育人资源，发挥思政课"社会大课堂"的整体育人效果。

"大思政课"建设拓宽了思政课育人的空间。它将社会看作是开阔的育人空间，社会是广阔的育人天地，是思政课得以施展空间的重

---

① 《马克思恩格斯文集》第 9 卷，人民出版社 2009 年版，第 436 页。

要场域。社会生活中富含了多样化的理论资源，为思政课提供了鲜活素材。社会现实中的典型或热点事件都是可以利用的教学案例，无论哪一门思政课程都可以将其融入相应的教学中去。这些生动的真实的案例在大学生听来更有吸引力、亲和力，可以有效地转化进入到思想政治教育的课堂当中，可以更有效地引起大学生对我国经济社会发展、对我国社会主义制度优势有更直观的理解和认识，"大思政课"建设立足于开阔的社会视野，借助多样化的社会空间，从现实的人的社会需求出发，以发挥思政课"沟通心灵、启智润心"的效果。

"大思政课"建设拓展了思政课育人的载体。思政课早已开始探索将思政课教学同信息技术融合，大力推进线上课程建设，取得了显著成效，成为思政课创新改革一个非常重要的路径。通过新媒体新技术的融合，使得高校思政课更具时代感和吸引力。但是高校思政课并未实现与网络技术的全过程、全课程、全员融合。"大思政课"的提出调动更多资源更大力量为思政课育人载体的开发与拓展提供了更加便利的条件。思政课程进一步加强新媒体新技术的融合，不仅仅是授课场地的变化，还有基于网络平台的教学方式的转变。思政课程也将进一步开发新媒体新技术在思政课中的运用，比如开发 VR 资源，比如在课程建设平台上不断丰富资源和增加互动设置等。在深度融合的过程中实现"三赢"，思政课推进了课程建设，网络平台完善了功能，学生增强了获得感。

"大思政课"建设丰富了思政课育人的方法。"大思政课"理念坚持的是理论与实践相结合的方法，有效实现思政课的理论性与实践性的统一，提升思政课的实际效果。通过善用社会大课堂、搭建大资源平台、构建大师资体系等举措，使得无论是大中小阶段还是本硕博阶段，思政课的上下衔接、思政课程与课程思政的同向同行、各种教学模式的探索与创新、教学经验的交流与推广，都将整体提升思政课建设的实际效果。

二　"大思政课"建设对大学生获得感的影响

"大思政课"的育人理念更加强调与生产实践相结合，育人资源更加注重整合贯通，育人空间更加倡导从课堂延伸到社会，并以此把握思政课守正创新的发展方向和着力点，更好契合时代的呼唤、适应实践的要求和满足青年的期待，不断提升思政课的亲和力和有效性。习近平总书记在2021年3月与参加全国政协会议的医药卫生界教育界委员座谈时强调思政课要跟现实结合起来，不仅应该在课堂上讲，也应该在社会生活中来讲"大思政课"。不断推动课程内容的创新和完善，打造更加科学的思政课结构体系，探索多样化教学方法，实现高校思政课因事而化、因时而进、因势而新。"大思政课"建设从认识形势、思想引领、坚定信念和行为养成四个层面上实现其思想政治教育主渠道的功能，在知识习得、情感共鸣、坚定理想信念和行为习惯养成四个方面提升大学生获得感。

（一）引导大学生正确认识"社会大课堂"

当代大学生大多数是"95后""00后"，他们出生和成长在国力显著提升、人民生活水平不断提高的时期，他们思维活跃、接受新事物能力强，但由于自身学习生活阅历比较简单，网络上大量真假难辨的信息飞速传播等原因导致其对历史、世情、国情、党情和民情的认识不够全面准确。对此，就需要在加强理论教育，提高理论素养的同时，精心组织引导学生主动走出课堂、走出学校，走进现实社会，走进人民群众中，在社会实践中增长知识见识，锻炼成才。引导大学生正确认识"社会大课堂"，思政课要立足于国际国内两个大局的高度去引导。目前我国正处于世界百年未有之大变局和实现第二个百年奋斗目标的背景之下，思政课教师视野要广，站位要高，引导学生在这一现实背景下认识中国特色社会主义建设的伟大实践，从而更好地感悟中国在实现社会主义现代化和中华民族伟大复兴征程中的艰辛历程与伟大成就。

从国际这个大局看，在世界百年未有之大变局中，新冠疫情在全球内的蔓延，增加了世界局势的复杂性。与此同时，其他全球性挑战继续发酵，和平赤字、发展赤字、治理赤字，世界面临严峻考验，单边主义、保护主义、逆全球化乘势迭起，世界局势的不确定性加剧，推动世界百年未有之大变局加速演进。各国面临的非传统安全挑战日益凸显。在这样的背景下，中国人民在中国共产党的领导下众志成城，踔厉前行，朝着中国特色社会主义现代化奋进，开创人类文明新形态，为全人类发展提供了中国智慧与中国力量。

从国内这个大局看，我国最终实现了第一个百年奋斗目标，开始了在全面建成小康社会基础上的全面建设社会主义现代化强国的新征程。在我国建设社会主义现代化强国的进程中审视我们的奋斗和创造，大学生可以更好体悟我国建设社会主义现代化强国的艰巨性，增强国家和民族认同感，形成更加坚定的信心和勇气，自觉投身全面建设社会主义现代化强国的新征程。

思政课充分展现党和国家事业取得的历史性成就。党的十八大以来，我们坚持马克思列宁主义、毛泽东思想、邓小平理论、"三个代表"重要思想、科学发展观，全面贯彻新时代中国特色社会主义思想，全面贯彻党的基本路线、基本方略，采取一系列战略性举措，推进一系列变革性实践，实现一系列突破性进展，取得一系列标志性成果，经受住了来自政治、经济、意识形态、自然界等方面的风险挑战考验，党和国家事业取得历史性成就、发生历史性变革，推动我国迈上全面建设社会主义现代化国家新征程。思政课要以我国社会主义现代化中的重大成果为依据，体现我国社会主义制度的优越性，坚定大学生的"四个自信"。

（二）引领大学生坚持正确的价值观

思政课是落实立德树人根本任务的关键课程，是帮助大学生树立正确的世界观、人生观、价值观的重要途径。"大思政课"理念下的思政课发挥着立德树人的"压舱石"作用，通过对大学生的思想引领、价值引领和舆情引领，提升铸魂育人实效。

引导学生坚定实现现代化的信心。思政课要发挥思想政治教育主渠道的作用，充分利用思政课课堂，深刻地、生动地讲好"大思政课"，总结好中国智慧和中国方案。首先，讲好历史性成就，坚定信心。思政课要以我国实现中国式现代化的伟大实践为依据，用真实客观的数据和事实，充满真情的人物故事，真正撼动学生心灵。其次，深刻分析原因，坚定信心。思政课教学授人以渔，引导学生领会辩证唯物主义和历史唯物主义,讲好"大思政课",思政课教师要善于运用创新思维、辩证思维,善于运用矛盾分析方法抓住关键、找准重点、阐明规律。思政课教学过程中用好社会资源,以具体实际为依据,用科学的理论指导实践,让学生认识到中国特色社会主义的理论优势、制度优势、精神优势。最后,通过横纵向比较,坚定信心。纵向看我国社会主义事业的建设实践与成效,让学生看到我国经济社会的发展变化,从这种变化趋势上坚定必胜的信心。横向看世界百年未有之大变局,让学生看到习近平总书记提出的"人类命运共同体"的深刻意蕴,看到中国的发展离不开世界,世界的发展也离不开中国。通过"大思政课",引导学生运用马克思主义基本观点,拓宽国际视野,正确看待我国发展形势。

引导学生冷静分辨舆情。互联网在信息量和信息传播速度上,具有独特优势,成为意识形态话语权博弈的重要场地。目前在校大学生是互联网媒体平台的主要参与者,互联网中纷繁复杂的舆情态度直接影响大学生对形势的判断。思政课要引导大学生,站准定位,在纷繁复杂的舆情中保持辩证思维,审慎看待每一个事件,客观分析每一个举措,做到不随波逐流、人云亦云。当前互联网技术使得信息传递的速度和广度呈级数增长,大学生获取到的信息良莠不齐、真假难辨,尤其是西方势力出于政治目的刻意歪曲、抹黑中国,思政课应引导学生不造谣、不信谣、不传谣,形成坚定意志和明辨是非的能力,增强学生的甄别能力,让学生学会善用有益身心发展的信息,形成良好思辨能力。

引导学生形成正确的价值判断。习近平总书记强调,思政课要坚持价值性和知识性相统一。思政课重在塑造学生的价值观。当前,网络上价值虚无主义和历史虚无主义的错误思潮加速涌动,伺机发起对我国意识形态的新一轮进攻,对大学生价值选择和价值认同带来不小的影响。高校思政课作为大学生思想政治教育主渠道主阵地,发挥其在对大学生意识形态引领上的重要作用,不仅仅是引导学生正确认识国内外形势,冷静分辨舆情,还要在此基础上形成正确的价值观。一方面,思政课通过系统的马克思主义理论的讲授,有针对性地辨析各种观点，引导学生能够在各种纷繁复杂的言论中，把握事物本质，坚定立场，形成正确的价值判断；另一方面，引导大学生培育和践行社会主义核心价值观，社会主义核心价值观作为倡导主流意识形态的价值观念，比如疫情防控时期是让学生在实践中感受核心价值观的内涵特性和时代意义的重要时机，实际上是学生上的一堂抗疫大思政课。大学生坚持和践行社会主义核心价值观，也会增强我国在疫情防控中的凝聚力、向心力和执行力。通过思政课教学，大学生借助思政课学科内容和实践载体，涵养家国情怀、砥砺奋斗精神，自觉提升境界、涵养气概、激励担当。

习近平总书记说，我们要理直气壮讲好思政课。思政课要理直气壮地讲，要在主流意识形态引领上主动发声，占据主导地位，履行立德树人的根本任务。一方面要在思政课程中讲好中国特色社会主义理论创新与实践探索，做好理论性与实践性相统一，让学生全面了解党领导社会主义现代化建设的科学部署和成效，真正讲好中国故事，引导学生树立正确的价值观；另一方面，思政课要关注舆情，尤其关注青年学生经常浏览的平台、关注的信息，包括西方某些别有用心的言论，在掌握信息的基础上，思政课充分发挥自身的优势，利用新媒体新技术、运用马克思主义理论，直击要害，揭露错误言论的荒谬之处，引导大学生形成正确的政治价值判断，坚定中国特色社会主义道路、理论、制度、文化的高度自信。

（三）引导大学生坚定理想信念

习近平总书记指出："火热的青春，需要坚定的理想信念。"①"理论上清醒，政治上才能坚定。坚定的理想信念，必须建立在对马克思主义的深刻理解之上，建立在对历史规律的深刻把握之上。"② 坚定的理想信念必须建立在对理论的理解之上，"大思政课"始终坚持用党的理想信念凝聚人这一基本原则和根本遵循。用实践讲道理，一

---

① 习近平：《在庆祝中国共产主义青年团成立 100 周年大会上的讲话》，《人民日报》2022 年 5 月 11 日第 2 版。

② 《习近平谈治国理政》第 2 卷，外文出版社 2017 年版，第 35 页。

以贯之地讲道理，全员讲道理，才能更加有说服力地教育学生深刻认识马克思主义的科学性和真理性，深刻理解马克思主义严密的逻辑体系和论证机理，深刻洞察马克思主义为全人类谋幸福的深厚情怀。以此对马克思主义的"道理"形成发自内心的价值认同，以理性的认知、积极的态度坚定理想信念。

通过新时代"大思政课"使青年学生"看清楚过去我们为什么能够成功、弄明白未来我们怎样才能继续成功"①，从而坚定自身的理想信念，让自己的青春之花绽放在中国特色社会主义建设的实践中，凝聚出实现中华民族伟大复兴的磅礴力量。在实现中华民族伟大复兴的征程中，弘扬尊重伟大精神，在建设社会主义现代化强国的过程中，我们要运用科学，充分激发科学思维、科学技术对经济社会发展的重要作用，为实现中民族伟大复兴提供重要动力。

（四）引导学生成长为堪当民族复兴大任的时代新人

人的全面发展是社会发展的目标和个人发展的最高境界。《共产党宣言》里曾描绘的未来社会里"每个人的自由发展是一切人的自由发展的条件"。中国共产党历来重视把"全面发展的社会主义建设者"作为人才培养的重要目标。新时代，高校思政课要增强大学生的使命担当，引导大学生矢志不渝听党话跟党走，争做社会主义合格建设者和可靠接班人。

增强大学生的责任担当。"大思政课"不仅在"知、情、意"上教育学生、引导学生，还要产生身体力行的建设实践。增强大学生在实现中华民族伟大复兴事业中的使命担当。虽然我们比历史上任何时期都更接近中华民族伟大复兴的目标，但是在这个过程中不可能一帆风顺、一马平川，我们必定要继续进行许多具有新的历史特点的伟大斗争，需要应对重大挑战、抵御重大风险、克服重大阻力、解决重大矛盾，这都需要培养合格建设者和可靠接班人来担负起应当有的责任。"大思政课"理念下的思政课建设会更多利用社会资源、建设社会实践教育基地、开展多样化的实践教学，让大学生具有"功成不必在我"的精神境界和"功成必定有我"的历史担当、努力练就过硬本领的责任意识。大学生通过社会实践更加明确当代青年的历史使命，只有将个人成长成才与实现中华民族伟大复兴结合起来，苦练本领、增长才干，方能成为能担当、敢担当的一代，方能在中国特色社会主义建设中实现自我价值。

第三节　如何善用"大思政课"提升
大学生思政课获得感

　　善用"大思政课"，我们可以从教学主体、教学客体和教学环境三个维度入手，通过教师争做"大先生"，学生参与"大实践"，课堂教学持续推进"大教改"，搭建资源"大平台"，构建工作"大格局"五个方面探索提升思政课获得感的路径。"大思政课"必须做到因事而化、因时而进、因势而新，做到有所作为、有大作为。

一　教师要争做时代"大先生"

　　思政课教学的关键在于发挥教师的重要作用。习近平总书记对思政课教师提出了"政治要强""情怀要深""思维要新""视野要广""自律要严""人格要正"六项要求。这既为新时代高校思政课教师队伍建设明确了总体指向，又为每一位教师确立了目标，是思政课教师从事教育教学必须遵循的价值准则和行动指针。善用"大思政课"，不仅对思政课教师也对全体教师提出了要求，要求教师要有信心、有情怀、有方法地讲好思政课，争做时代"大先生"。

　　（一）"大思政课"教师要有信心

　　传道者自己首先要明道、信道。教师只有自己信仰坚定，对所讲内容高度认同，做学习和实践马克思主义的典范，才能讲得有底气，才能讲深讲透，才能有效引导学生真学、真懂、真信、真用。教师是释疑解惑的，自己都疑惑重重，讲出来的东西不会是充分坚定、富有感染力的。

教师自己要坚定信心，通过学习和研究来坚定胜利的信心。具体来讲，教师一方面要加强马克思主义理论学习，认真研读马克思主义经典理论，关注马克思主义中国化的最新理论成果，关注国内形势的变化。教师政治要强，自己要"真学、真懂、真信、真用"。其中关键是真信，教师要以坚如磐石的意志，笃信共产主义远大理想和社会主义共同理想。以自身的"真学、真懂、真信、真用"，影响和带动学生，言传身教。另一方面，思政课教师本身也是一名马克思主义理论工作者，需要加强理论研究，深刻阐述中国人民在党的坚强领导下展现的中国力量、中国行动、中国精神、中国效率；深刻分析在中国共产党领导下的中国特色社会主义制度优势，产出一大批高质量、有深度、有分量的研究成果。思政课教师思维要新、视野要广，把思想讲透，把理论讲活，将理论研究服务于凝聚共识，实现高校理论工作者的社会职能。

（二）"大思政课"教师要有情怀

"大思政课"要引导学生立德成人、立志成才。只有打动学生，才能引导学生。教师在课堂上展现的情怀最能打动人，甚至会影响学生一生。真信才有真情，真情才能感染人。习近平总书记强调思政课教师要有家国情怀和仁爱情怀，心里装着国家和民族，在党和人民的伟大实践中关注时代、关注社会、汲取养分、丰富思想，把对家国的爱、对教育的爱、对学生的爱融为一体，心中始终装着学生，让思政课成为一门有温度的课。其他课程也要与思政课同向同行。

思政课教师站稳高校思政课讲台，就是守好了自己的战场。教师要以深沉的家国情怀，讲出能让学生产生情感共鸣的故事，才能讲出有温度的思政课。思政课教师视野要广，将我国经济社会发展的实践和实践中饱含的家国情怀与民族精神融合到思政课教学内容中去，融入专业课程中去，讲出有高度的"大思政课"。教师还要善于挖掘社会实践活动中"95后""00后"的正面典型案例，利用朋辈引领，对学生开展爱国主义教育，使学生产生情感共鸣，这会产生更强的教育效果，讲出有温度的"大思政课"。

(三)"大思政课"教师要有方法

思政课作为落实高校立德树人根本任务的关键课程,其教学是一项非常有创造性的工作,思政课教师要学会辩证唯物主义和历史唯物主义,善于运用创新思维、辩证思维,注重创新,善于运用矛盾分析方法抓住关键、找准重点、阐明规律,创新课堂教学,给学生深刻的学习体验,达到"润物细无声"的效果。

我国建设社会主义现代化国家的实践就是一堂现实的、生动的、深刻的思政课,而思政课教师要将"思政小课堂"和"社会大课堂"相结合,讲好中国故事,用好有力度和有深度的广大师生身边的素材,"因事而化、因时而进、因势而新",在各个教学内容上适时、视势地将社会教学资源有机融入思政课教学,在实践逻辑、理论逻辑和历史逻辑相统一的高度上,将我国建设社会主义现代化国家的生动实践艺术性地展现在思政课课堂上。高校思政课并不是简单地把教学资源搬进思政课教室,而是要将教学资源有机融入思政课,这就要求思政课教师在全面了解国内外形势和深刻把握思政课教学规律的基础上,用心耗时费力地设计好思政课,以教学大纲为指引,以增强学生获得感为导向,以课程建设为抓手,有针对性地落实教学目标,真正提升思政课的获得感。

二　学生参与"大实践"

善用"大思政课"应着力于积极拓展和优化思政课实践教学,学生也是思政课教学活动主体,让学生更多参与其中,可以激发学生学习思政课的兴趣,深化学生对课堂理论教学内容的理解,让大学生将课堂教学中习得的理论知识内化于心、外化于行,促进大学生知行合一,才能有更多获得感。另外,由于互联网信息技术的快速发展,大学生对于理论学习、时事热点舆论等有着比以往更为复杂的需求,新时代大学生群体的需求多样,而且诉求表达方式也发生了变化。思政课要坚持把满足学生个人成长发展的需求作为衡量思政教育有效性的重要指标,让学生深入基层,了解社会,将"小我融入大我",将追求个人价值置于实现社会价值之中。"大思政课"要求善用"社会大课堂",把波澜壮阔的社会实践当作思政课堂,为学生提供认识社会、服务社会的平台,引导学生在实践中立大志、明大德,以积极向上、坚定自信的姿态奉献个人才干。

大学生积极参加思政课实践教学。学校按照教育部对思政课实践教学学时学分的要求,紧扣思政课实践教学目标和要求,设计实践教学内容。按照实践的场域来分,有在思政课课堂上完成的学生可广泛参与的实践,如课堂演讲、分组讨论等;有在校园内教室外的实践,如马克思主义理论研读活动、红歌比赛等;还有校园外的实践活动,比如社会调查、到实践基地等。通过学习研讨、深入基层,大学生对党的理论有着更加深刻的领会,更有获得感。

大学生积极参加各级各类实践活动。大学生可以参加全国性的实践活动,如参加"互联网+"大学生创新创业大赛青年红色筑梦之旅等,深入基层一线,为服务乡村振兴和城乡社区发展注入创新力量,在实践锻炼中经历风雨,检验所学,贡献才干。也可以参加当地或本校组织的各类志愿服务、理论宣讲、社会调研等实践活动,如各类志愿者服务团队和活动、支教活动、社区服务活动、大学生理论宣讲团等,湖北省多所高校开展的"百生讲坛"活动,暑期"三下乡"社会实践活动已经形成广泛的社会影响和丰富的实践成果。

"大思政课"为大学生打造一个共鸣共情的教育空间,是对思政课改革创新的创新与超越。只有让大学生参与到"大实践"中去,才能提升获得感。在这个教育空间里,大学生在沉浸体验式的氛围中引发情感共鸣,在熟悉的网络空间里用年轻的话语方式表达,在身边的榜样和典型案例中坚定信念。

三 课堂教学持续推进"大教改"

（一）丰富和拓展教学内容

高校思政课责任重大,关系着"培养什么人、怎样培养人、为谁培养人"这个根本问题,肩负着培养担当民族复兴大任的时代新人的使命。思政课教学内容的丰富与拓展是提升思政课获得感的重要途径。深入推进习近平总书记在地方工作期间的重大实践、视察地方和学校重要论述进课程教材，2021 年和 2023 年都对高校思政课教材进行了及时的修订，将党的创新理论最新成果有机融入各门思政课。这对当前思政课教学内容的充实和丰富提供了重要素材和契机。

教育部组织制作"思政课导学"课件、讲义、专题片等，帮助教师讲深讲透讲活学好思政课具有重要意义。围绕新时代的伟大实践，充分挖掘地方红色文化、校史资源，将伟大建党精神和抗疫精神、科学家精神、载人航天精神等伟大精神，生动鲜活的实践成就，以及英雄模范的先进事迹等引入课堂，推动党的创新理论和历史融入各学段各门思政课。根据不同类型学校和不同层次人才培养要求，进一步增强教学的针对性和实效性，目前高校开设的六门思政必修课程的内容更加充实和完善，思政课内容可以进行以下方面的丰富和拓展。

"马克思主义基本原理"课程主要讲授马克思主义世界观和方法论等基本原理，帮助学生准确把握马克思主义的根本性质，学习掌握贯穿其中的马克思主义立场观点方法，提升运用马克思主义基本原理分析世界的能力，增强对人类社会发展规律特别是中国特色社会主义发展规律的认识和把握，树立共产主义远大理想和中国特色社会主义共同理想。

"毛泽东思想和中国特色社会主义理论体系概论"课程主要讲授中国共产党把马克思主义基本原理同中国具体实际相结合产生的马克思主义中国化的两大理论成果，帮助学生理解毛泽东思想、邓小平理论、"三个代表"重要思想、科学发展观、习近平新时代中国特色社会主义思想是一脉相承又与时俱进的科学体系，引导学生深刻理解中国共产党为什么能、马克思主义为什么行、中国特色社会主义为什么好，坚定"四个自信"。

"中国近现代史纲要"课程主要讲授中国近代以来争取民族独立、人民解放和实现国家富强、人民幸福的历史，旨在帮助学生了解党史、国史和国情，深刻领会历史和人民选择马克思主义、选择中国共产党、选择社会主义道路、选择改革开放的必然性。

"思想道德与法治"课程主要讲授马克思主义的人生观、价值观、道德观、法治观,社会主义核心价值观与社会主义法治建设的关系,帮助学生筑牢理想信念之基,培育和践行社会主义核心价值观,传承中华传统美德,弘扬中国精神,尊重和维护宪法法律权威,提升思想道德素质和法治素养。

"形势与政策"课程主要讲授党的理论创新最新成果,新时代坚持和发展中国特色社会主义的生动实践,马克思主义形势观与政策观、党的路线方针政策、基本国情、国内外形势及其热点难点问题,帮助学生准确理解当代中国马克思主义,深刻领会党和国家事业取得的历史性成就、面临的历史性机遇和挑战,引导大学生正确认识世界和中国发展大势,正确认识中国特色和国际比较,正确认识时代责任和历史使命,正确认识远大抱负和脚踏实地。

2022年秋季学期,各高校全面开设了"习近平新时代中国特色社会主义思想概论"课。中央宣传部、教育部编写习近平新时代中国特色社会主义思想概论课教材。"习近平新时代中国特色社会主义思想概论"课程主要讲授马克思主义中国化时代化的最新成果,习近平新时代中国特色社会主义思想的科学内涵、精神实质、重大意义、实践要求等;引导学生坚持"两个确立",增强"四个意识",坚定"四个自信",做到"两个维护"。

除了以上思想政治理论课,各高校还应加强以习近平新时代中国特色社会主义思想为核心内容的课程群建设,形成必修课加选修课的课程体系。高校要统筹全校力量,结合自身实际,重点围绕习近平经济思想、习近平法治思想、习近平生态文明思想、习近平强军思想、习近平外交思想以及"四史"、宪法法律、中华优秀传统文化等设定课程模块,开设选择性必修课程。

(二)改革创新课堂教学方法

教学是主体和客体双向作用的过程,任何教学活动的开展都离不开教学方法的支撑。推进"大思政课"建设,要积极运用现代化信息手段进行学情调研,对学生思想、心理及关心的热点难点问题进行研究,制定针对性的教学方案,依据学生的思维习惯、成长规律和现实需求,采用启发式、探究式、体验式等多样化的教学方法,创新发展小组研学、情景展示、课题研讨、课堂辩论等多元化教学模式,为学生创造更具互动性、参与性和实践性的学习体验。

注重发挥学生主体性作用,实施翻转课堂式教学。广大思政课教师早已开始在思政课教学中实施翻转课堂式教学改革了,实现学生自主学习与教师讲授相结合的翻转式教学方法是提升思政课效果的有效手段。教育部把"大思政课"摆在教育信息化的突出位置,要求思政课充分利用好互联网这个阵地。

实现分众式教学。分众式教学模式在当前思政课教学改革中也是有益的尝试,它根据大学生个体差异和普遍认知规律,实现教师主导性与学生主体性相统一、教学多元化供给与学生个性化学习的需求相统一。充分利用教育部建设"全国高校思政课教师网络集体备课平台"网络支持系统、"青梨派"大学生自主学习系统等共建共享、系统集成、全面覆盖的全国高校思政课教研系统,实现教学平台供给的多元化,教学供给从内容到形式、从空间到时间,推动了思政课教学供给侧改革,实现供给质量的一次提升。在这样的资源供给基础上,思政课教师可以针对学生个性的学习需求,提供个性化学习服务有效方案,推荐优质教学资源。思政课教学从观照社会价值、整体价值向多元知识选择、个性需求转变,能够满足大学生不同层面的个性的学习需求,有效增强学生的获得感。

(三)落实思政课实践教学

高校思政课实践教学环节是思政课教学不可或缺的重要组成部分,"大思政课"更是要求提高思政课实践教学质量和效果,发挥实践教学对思政课教学的支撑作用。

构建实践教学工作体系。高校要普遍建立党委统一领导,马克思主义学院积极协调,教务处、宣传部、学工部、团委等职能部门密切配合的思政课实践教学工作体系,在马克思主义学院指定专人负责,建立健全安全保障机制,积极整合思政课教师和辅导员队伍,共同参与组织指导思政课实践教学。

落实思政课实践教学的学时学分。高校要严格落实本科 2 个学分、专科 1 个学分用于思政课实践教学的要求。精心设计实践教学大纲,坚决避免实践教学娱乐化、形式化、表面化。鼓励有条件的高校开设专门的实践教学课。

组织开展多样化的实践教学。教育部持续组织开展中国国际"互联网+"大学生创新创业大赛青年红色筑梦之旅、习近平新时代中国特色社会主义思想大学习领航计划、"小我融入大我,青春献给祖国"主题社会实践、"技能成才,强国有我"主题教育等活动。高校要紧扣思政课实践教学目标和要求,利用志愿服务、理论宣讲、社会调研等实践活动,开展实践教学。注重总结实践教学成果,把优秀成果作为课堂教学的有效补充,推动实践教学规范化。

建好用好实践教学基地。教育部会同有关部门,利用现有基地(场馆),分专题设立一批"大思政课"实践教学基地。各地教育部门要结合实际,积极建设"大思政课"实践教学基地。大中小学要主动对接各级各类实践教学基地,开发现场教学专题,开展实践教学。有条件的学校可与有关基地建立长效合作机制,加强研究和资源开发。各基地要积极创造条件,与各地教育部门、学校建立有效工作机制,协同完成好实践教学任务。

四 搭建资源"大平台"

习近平总书记在 2016 年全国高校思想政治工作会议上提出"要运用新媒体新技术使工作活起来,推动思想政治工作传统优势同信息技术高度融合,增强时代感和吸引力"。据此,高校思政课教学要主动求变,建设好线上"金课",用好线上资源,上好思政课,增强思政课的时代感和吸引力。

建设全国高校思政课教研系统。由教育部建设"全国高校思政课教师网络集体备课平台"网络支持系统、"青梨派"大学生自主学习系统、高校思政课教学创新中心资源开发系统、高校思政课教学指导委员会指导审核评估系统、高校思政课教师基础数据系统、高校思政课教师研修培训系统等为一体,共建共享、系统集成、全面覆盖的全国高校思政课教研系统。

推进国家智慧教育平台建设使用。教育部把"大思政课"摆在教育信息化的突出位置，加强国家智慧教育平台思政教育资源建设。通过项目支持的方式，推动教学资源建设常态化机制化。组织开发和推荐一批科学权威实用的课件、讲义，推动一线教师统一使用。加强思政课教学资源库建设，实施中小学思政课精品课程建设计划，推出一批思政"金课"。加大优质资源推广使用力度，指导各地各校用好国家智慧教育平台。

打造网络教育宣传云平台。教育部会同中央网信办等，组织开展"大思政课"网络主题宣传活动，鼓励师生围绕思政课教学内容创作微电影、动漫、音乐、短视频等，建设资源共享、在线互动、网络宣传等为一体的"云上大思政课"平台。加强高校思想政治工作网、大学生在线、易班等网络平台建设。积极研发成本适宜的虚拟仿真教学资源。组织开展"同上一堂思政大课"活动。各地各校用好"学习强国"等平台，鼓励思政课教师积极参加中央和地方主流媒体的政论、时政节目，广泛传播党的创新理论。

资源"大平台"为提升大学生思政课获得感搭建了大舞台，使得思政课教学能够应用好平台资源，讲好思政课。新媒体新技术新平台作为一种新兴的教学载体，适应了当前思政课教学改革创新的要求，加速推动思政课同新媒体新技术新平台的高度融合，增强思政课的时代感和吸引力。在教学设计上，要迅速实现教学设计创新，根据教学场域、教学载体、教学内容的变化，及时调整教学设计以增强教学的吸引力。在专题设计上，注重时代性和思考性，从抓住学生"眼球"到进入学生"头脑"。在教学设计上，还可以利用网络平台的技术优势，增强教学过程中的师生互动，不仅可以加强课堂管理，而且可以引导学生更多参与课程教学过程，增强教学效果。依据网络平台进行的活动可以让更多的学生通过更多的方式更广泛地参与活动，教师可以即时掌握学生参与和问题反馈的情况。这样不仅从课堂管理的角度上，实现了有效的隐性的课堂考核和管理，而且从学生学习效果的视角上看，学生因其主体性的体现和过程参与而提高学习的兴趣和热情，而增强了获得感。

五 拓展工作"大格局"

"大思政课"不仅是教育理念的创新,在工作方法上也提供了新的方向,善用"大思政课"要加强顶层设计,完善工作"大格局",构建一体化领导、专业化运行、协同化育人的体制机制,实现教育各环节的环环相扣、各部门的相互协同、各资源的有机整合。

学生的获得感不仅仅是在思政课课堂上完成的,还需要更宽广的时空来实现获得感的深化与升华。在校园内,思政课不仅仅是马克思主义学院的责任田,也需要其他课程、其他职能部门同向同行,因此要与教务处、学工处、团委、招就处等形成思政工作"大格局",形成大思政协同创新机制,各部门分别通过课程教学、校园活动、社会实践、志愿活动等形式形成合力,共同加强学生实践能力的培养。全面推进课程思政高质量建设,在"大思政课"的理念下,"课程思政"能够实现与"思政课程"同向同行。"大思政课"的提出实现专业课程与思政教育之间的逻辑自洽,在显性教育与隐性教育的有机统一中实现同向同行的理想状态。教育部组建了高等学校课程思政教学指导委员会,研制普通本科专业类课程思政教学指南,组织开展高校教师课程思政教学能力培训,建设一批课程思政系列共享资源库。全面推进"三全育人"综合改革,持续扩大高效"一站式"学生社区综合管理模式建设试点,通过领导机制、教育引导、政策支持、保障措施等不断提升大学生思政课获得感更加巩固,激发大学生使命担当,让大学生在学校、社区和社会活动中成长成才,发挥大学生作为推动社会进步的生力军作用。扎实开展日常思政教育活动。学校党委书记、校长要在开学、毕业典礼等重要场合,讲授"思政大课"。学校要以重大纪念日、重大历史事件为契机,通过主题教育、论坛讲坛、讲座报告会等,组织专题"思政大课"。

思政课走出教室走出校门,把"思政小课堂"同"社会大课堂"结合起来,推动"大思政课"共同体建设,与家庭、社区等形成合力,构建"三全育人"模式。思政课教师不仅可以深入社区、企业开展学院共建、协同育人、志愿服务等活动,还可以结合教师理论研究方向服务社会。深入推进大中小学思政课一体化建设。教育部加强大中小学思政课一体化建设指导委员会建设，在各地建设一批一体化基地，鼓励高校积极开展与中小学思政课共建。各地教育部门加强引导和协调，建立大中小学师资培育、听课评课、教研交流、集体备课等常态化工作机制。

结　　语

　　2019 年 3 月 18 日，习近平总书记在学校思想政治理论课教师座谈会上发表重要讲话，他指出，要理直气壮开好思想政治理论课，开好思想政治理论课就是坚持中国特色社会主义的办学方向，思想政治理论课意义重大，作用不可替代。讲话深刻阐述了新时代条件下办好思想政治理论课的重大意义和根本遵循，为思想政治理论课教师理直气壮开好思想政治理论课，为我们探讨增强大学生思想政治理论课获得感注入了信心和底气。

　　思想政治理论课建设正面临着比过去任何一个时期都更有利的发展条件和机遇。党的十八大以来，尤其是 2016 年 12 月的全国高校思想政治工作会议召开以来，思想政治理论课建设在教材建设、师资队伍建设等各方面都得到了更大力度的支持和重视，并且取得了显著的成效，思想政治理论课的地位得到凸显，其作为高校思想政治教育主渠道的功能也显著增强。这是思想政治理论课建设面临的有利条件和机遇。思想政治理论课的作用不可替代，我们必须最大限度地发挥思想政治理论课"立德树人"的关键课程的作用，不断推进思想政治理论课的改革创新，增强思想政治理论课的针对性和亲和力、影响力和感染力，增强大学生对思想政治理论课的获得感。本书根据数据分析的结果和当前思想政治理论课改革创新的实践，提出了从需求、供给、环境等三个方面七条途径以有效增强学生获得感。

　　下一步研究的方向也在研究中进一步显现出来，那就是不断地细化和深化：

1. 各门课程的学生获得感的具体情况如何，不同课程的不同维度的获得感具体是什么、程度如何等。形势与政策课的获得感也可纳入研究的内容。

2. 大学生思想政治理论课获得感具有主观性，说到底是个体的心理体验，如何深入研究个体的获得感，是下一步研究的重点和难点。

参考文献

一 著作类

《马克思恩格斯选集》第 1—4 卷，人民出版社 2012 年版。

《马克思恩格斯文集》第 1—10 卷，人民出版社 2009 年版。

《列宁选集》第 1—4 卷，人民出版社 2012 年版。

《习近平谈治国理政》，外文出版社 2014 年版。

《习近平总书记系列重要讲话读本》，学习出版社 2014 年版。

艾四林：《MOOC 与高校思想政治理论课教育教学创新》，北京大学出版社 2014 年版。

艾四林、吴潜涛编：《高校马克思主义理论学科发展报告（2016）》，高等教育出版社 2017 年版。

风笑天：《社会研究方法》，中国人民大学出版社 2013 年版。

骆郁廷：《高校思想政治理论课程评价新探》，中国社会科学出版社 2011 年版。

潘鸿雁：《微校时代》，天津人民出版社 2013 年版。

钱明辉：《思想政治理论课教学方法改革新探》，人民出版社 2015 年版。

谭仁杰：《网络时代的高校思想政治教育》，武汉大学出版社 2014 年版。

王敏：《思想政治教育接受论》，湖北人民出版社 2003 年版。

张澍军：《思想政治教育理论前沿论略》，人民出版社 2014 年版。

张耀灿等：《高校思想政治理论课教育教学质量监测体系研究》，经济科学出版社 2014 年版。

张耀灿等：《现代思想政治教育学》，人民出版社 2001 年版。

［美］路易斯·拉思斯（Louis E. Raths）：《价值与教学》，浙江教育出版社 2003 年版。

二 文件类

教育部：《关于印发〈高等学校思想政治理论课建设标准〉的通知》。

教育部：《普通高等学校本科专业类教学质量国家标准》。

中共教育部党组：《关于印发〈"新时代高校思想政治理论课创优行动"工作方案〉的通知》。

中共中央办公厅 国务院办公厅：《关于深化新时代学校思想政治理论课改革创新的若干意见》。

中共中央 国务院：《关于加强和改进新形势下高校思想政治工作的意见》。

中共中央宣传部 教育部：《关于进一步加强和改进高等学校思想政治理论课的意见》。

中共中央宣传部 教育部：《关于印发〈普通高校思想政治理论课建设体系创新计划〉的通知》。

三 论文类

白显良：《以课堂为主战场 打好提高思想政治理论课质量和水平的攻坚战》，《思想理论教育导刊》2017 年第 9 期。

陈吉鄂：《以"八个相统一"引领高校思想政治理论课改革创新》，《人民论坛》2019 年第 20 期。

陈梦圆、王立仁：《"三因"理念融入高校思想政治理论课的探索与思考》，《黑龙江高教研究》2018 年第 10 期。

陈占安：《改革开放以来高校思想政治理论课建设的回顾与展望》，《思想理论教育》2018 年第 10 期。

程仕波、熊建生：《论思想政治教育获得感》，《思想教育研究》2017 年第 7 期。

程现昆：《高校思想政治理论课教学有效性评价之维》，《思想政治教育研究》2017 年第 6 期。

崔青青：《高校思想政治理论课应强化价值引领——以青年马克思和青年毛泽东带给大学生的人生思考为例》，《思想理论教育导刊》2017 年第 9 期。

党评文：《坚持"八个相统一"推动思想政治理论课守正创新》，《学校党建与思想教育》2019 年第 13 期。

房广顺、李鸿凯：《以大学生获得感为核心提升思想政治理论课教学质量》，《思想理论教育》2018 年第 2 期。

冯刚、陈步云：《深刻把握新时代思想政治理论课"八个统一"的建设规律》，《中国高等教育》2019 年第 9 期。

冯国芳：《大学生对思想政治理论课的需求》，《江西教育科研》2007 年第 8 期。

冯培：《高校思想政治理论课"金课"建设要素探究》，《思想理论教育》2019 年第 8 期。

冯培：《学生获得感：高校思想政治理论课教学质量年的要义》，《中国高等教育》2017 年第 11 期。

冯秀军、咸晓红：《思想政治理论课改革创新要坚持灌输性和启发性相统一》，《思想理论教育导刊》2019 年第 7 期。

顾海良：《高校思想政治理论课程体系的演化及其基本特点》，《教学与研究》2007 年第 2 期。

顾钰民：《高校思想政治理论课发展和建设的四个基本关系》，《思想理论教育导刊》2015 年第 1 期。

顾钰民：《新时代思想政治理论课传统优势同信息技术高度融合研究》，《思想理论教育导刊》2018 年第 9 期。

郭海成：《高校思想政治理论课要兼具政治性与生动性》，《人民论坛》2017 年第 31 期。

郭云：《高校思想政治理论课教学的"讲理"要有大格局》，《中国高等教育》2017 年第 23 期。

韩振亮：《马克思主义理论学科建设和思想政治理论课建设中需要解决的两个问题》，《思想理论教育导刊》2009 年第 2 期。

郝潞霞：《思想政治理论课程建设的加强与马克思主义大众化的推进》，《思想理论教育导刊》2010 年第 4 期。

胡万钦、户可英：《高校思想政治理论课多重关系的审视与把握》，《黑龙江高教研究》2019 年第 8 期。

贾慧：《高校要理直气壮开好思想政治理论课》，《人民论坛》2019 年第 13 期。

贾友军、赵爽：《高校思想政治理论课课堂教学理念创新略论》，《学校党建与思想教育》2017 年第 10 期。

江燕、班高杰：《提升思想政治理论课教学的吸引力和感染力》，《中国高等教育》2017 年第 11 期。

靳诺：《改革开放 40 年高校研究生思想政治理论课建设的历史成就与基本经验》，《思想理论教育导刊》2018 年第 10 期。

李海芬、刘培峰、张麓麓、张吉：《基于深度学习的思想政治理论课教与学现状调查研究》，《中国大学教学》2019 年第 2 期。

李寒梅：《走向深度教学：高校思想政治理论课教学改革的必由之路》，《思想理论教育导刊》2018 年第 6 期。

李昊婷：《新时代高校思想政治理论课获得感的生成机制与提升路径》，《思想教育研究》2019 年第 6 期。

李菊英、颜州：《获得感：思想政治理论课实效性的重要生成要素》，《思想理论教育导刊》2018 年第 1 期。

李楠：《遵循大学生成长规律 增强思想政治理论课教学实效性》，《思想理论教育导刊》2017 年第 9 期。

李冉：《思想政治理论课育人共同体的发现及其建构》，《思想理论教育导刊》2019 年第 2 期。

李忠军：《"理直气壮开好思想政治理论课"的内在依据及其启示》，《马克思主义理论学科研究》2019 年第 3 期。

李忠军、牟霖：《发挥高校思想政治理论课的铸魂功能》，《中国高等教育》2019 年第 2 期。

梁纯雪、眭依凡：《课程体系重构：基于增强思政理论课针对性和亲和力的调查和思考》，《中国高教研究》2018 年第 11 期。

梁万年、刘民、刘珏、王亚东、吴敬、刘霞：《我国新型冠状病毒肺炎疫情防控的"动态清零"策略》，《中华医学杂志》2022 年第 4 期。

刘建军：《思想政治理论课：观照青少年精神成长的三个时期》，《红旗文稿》2019 年第 9 期。

刘经纬、郝佳婧：《高校思想政治教育获得感生成探赜》，《思想教育研究》2018 年第 4 期。

刘水静、胡欣欣：《讲好疫情防控"大思想政治理论课"的五个维度》，《学校党建与思想教育》2021 年第 13 期。

刘同舫：《思想政治理论课教学亟须解决的五个问题》，《思想理论教育导刊》2019 年第 7 期。

刘武根：《论新时代高校思想政治理论课建设的主要矛盾》，《思想理论教育导刊》2018 年第 5 期。

柳礼泉等：《开放式课堂：思想政治理论课教师培训的范式创新》，《思想理论教育导刊》2017 年第 4 期。

马光焱、张澍军：《关于大学生获得"四个正确认识"基本路径的思考》，《黑龙江高教研究》2017 年第 9 期。

宁文英、吴满意：《思想政治教育获得感：概念、生成与结构分析》，《思想教育研究》2018 年第 9 期。

牛田盛：《高校思想政治理论课教学法创新模式比较分析及启示》，《思想政治教育研究》2019 年第 1 期。

彭冰冰：《真理·真情·真实：提升高校思想政治理论课实效性的三重维度》，《思想理论教育导刊》2018 年第 3 期。

秦宣：《将立德树人贯穿于马克思主义理论学科与思想政治理论课建设全过程》，《思想理论教育》2015 年第 9 期。

秦宣：《马克思主义理论学科与思想政治理论课的关系》，《思想理论教育导刊》2007 年第 3 期。

秦在东、任永霞：《论大学生思想政治理论课获得感的着力点》，《学校党建与思想教育》2019 年第 16 期。

邵雅利：《大学生思想政治理论课获得感现状调查分析》，《学校党建与思想教育》2018 年第 6 期。

盛湘鄂：《高校思想政治理论课教学实效性及其评价》，《思想理论教育导刊》2009 年第 1 期。

石文卓：《高校思想政治理论课获得感的影响因素分析》，《思想理论教育导刊》2019 年第 8 期。

宋俭：《关于马克思主义理论学科建设与思想政治理论课建设的思考》，《思想理论教育》2012 年第 23 期。

汤志华：《论高校思想政治理论课守正创新的政治性与学理性统一》，《江西师范大学学报》（哲学社会科学版）2019 年第 4 期。

唐忠宝、孙希颜：《遵循学生成长规律　实现青年价值引领》，《思想理论教育导刊》2017 年第 9 期。

童曼、吴远：《大学生接受思想政治理论课的心理机制研究》，《河海大学学报》（哲学社会科学版）2014 年第 1 期。

万美容、廖宇婧：《对话：增进思想政治理论课实效性的模式选择》，《思想教育研究》2010 年第 1 期。

王润稼：《美好生活的显扬：提升思想政治理论课获得感的可行向度》，《思想教育研究》2018 年第 6 期。

卫志民：《制约与突破：高校思想政治理论课教学实效性分析》，《思想理论教育导刊》2012 年第 7 期。

魏雷东：《简析高校思想政治理论课建设的基本向度》，《思想教育研究》2011 年第 11 期。

文君、刘江宁：《高校思想政治理论课的新特点、新思路、新方法》，《思想理论教育导刊》2017 年第 9 期。

吴朝国、高灿灿：《论思想政治理论课建设中课程文化维度》，《黑龙江高教研究》2018 年第 7 期。

吴潜涛、王维国：《增强亲和力、针对性，在改进中加强思想政治理论课》，《思想理论教育导刊》2017 年第 2 期。

习近平：《思想政治理论课是落实立德树人根本任务的关键课程》，《求是》2020 年第 17 期。

谢首军、陈庆庆：《建设思想政治理论课"金课"的标准与类型》，

《中国大学教学》2019 年第 2 期。

辛秀芹：《民众获得感"钝化"的成因分析——以马斯洛需求层次理论为视角》，《中共青岛市委党校·青岛行政学院学报》2016 年第 4 期。

徐蓉：《办好高校思想政治理论课的着力点》，《红旗文稿》2019 年第 8 期。

阎国华：《高校思想政治理论课获得感的内在要素与形成机制》，《思想理论教育》2018 年第 1 期。

姚迎春、杨业华：《论思想政治理论课获得感的内涵》，《湖北社会科学》2018 年第 4 期。

宇文利：《努力掌握并用好思想政治理论课教学的科学规律》，《思想理论教育导刊》2017 年第 9 期。

张雷声：《在改进中加强思想政治理论课建设的协同研究》，《思想理论教育导刊》2017 年第 7 期。

张品：《"获得感"的理论内涵及当代价值》，《河南理工大学学报》（社会科学版）2016 年第 4 期。

张青：《亲和力：提升高校思想政治理论课教学质量的重要维度》，《思想教育研究》2017 年第 9 期。

张兴海、王娜：《学校党委要担负起上好思想政治理论课的主体责任》，《中国高等教育》2018 年第 18 期。

赵军伟、高思遥：《高校思想政治理论课建设新见》，《河北师范大学学报》（教育科学版）2016 年第 6 期。

赵南宁、张琳：《提升学生获得感：高校思想政治工作的时代要求》，《理论导刊》2018 年第 12 期。

郑萼：《在改进中加强思想政治理论课建设的几点思考》，《思想理论教育导刊》2017 年第 1 期。

朱国栋：《论新时代高校思想政治理论课的获得感》，《湖北社会科学》2018 年第 9 期。

朱哲：《回到内容本身——彰显马克思主义理论的解释力》，《思想教育研究》2017 年第 7 期。

四 报纸类

习近平：《做党和人民满意的好老师——同北京师范大学师生代表座谈时的讲话》，《人民日报》2014年9月10日第2版。

习近平：《科学统筹突出重点对准焦距，让人民对改革有更多获得感》，《人民日报》2015年2月28日第2版。

习近平：《在庆祝中国共产党成立95周年大会上的讲话》，《人民日报》2016年7月1日第2版。

《习近平在全国高校思想政治工作会议上强调：把思想政治工作贯穿教育教学全过程 开创我国高等教育事业发展新局面》，《人民日报》2016年12月9日第1版。

《习近平首次点评"95后"大学生》，《人民日报》2017年1月3日第2版。

习近平：《坚持中国特色社会主义教育发展道路，培养德智体美劳全面发展的社会主义建设者和接班人》，《人民日报》2018年9月11日第1版。

习近平：《用新时代中国特色社会主义思想铸魂育人 贯彻党的教育方针落实立德树人根本任务》，《人民日报》2019年3月19日第1版。

习近平：《在全国抗击新冠肺炎疫情表彰大会上的讲话》，《人民日报》2020年9月9日第2版。

附录　调查问卷

一　大学生思想政治理论课调查问卷（基础）

亲爱的同学，您好！

我们目前正在做关于大学生思想政治理论课教学的研究调查。思想政治理论课（以下简称思想政治理论课）是高校落实立德树人根本任务的主渠道，是帮助大学生树立正确世界观人生观价值观的核心课程。这份问卷的目的在于帮助我们了解大学生对高校开设的思想政治理论课的看法和获得感，为高校思想政治理论课课程建设和改革提供参考。完成这份问卷大概需要 3—5 分钟时间，请您结合自身情况来回答所有问题，谢谢您的支持与配合！

本问卷的内容不涉及任何个人隐私，各项答案均无好坏对错之分，数据仅用于学术研究，所有资料绝对保密，请放心作答！除个别标注外，所有题目均为单选，请在符合实际情况的选项上打"√"。

1. 性别［单选题］*
○男
○女

2. 年级［单选题］*
○大二
○大三
○大四
○研一

○已本科毕业，就业

3. 政治面貌［单选题］*

○中共党员

○共青团员

○其他

4. 专业［单选题］*

○人文社科

○理工农医

○艺术体育

5. 您就读的院校类型［单选题］*

○985 高校

○211 高校

○一般院校

6. 您对《思想道德修养与法律基础》课有获得感吗?［单选题］*

○有很强的获得感

○有较强的获得感

○有些获得感

○有点获得感

○没有获得感

7. 您的《思想道德修养与法律基础》课的课堂规模是多大?［单选题］*

○50 人以下

○51—100 人

○100—150 人

○150 人以上

8. 您的《思想道德修养与法律基础》课的课程成绩是多少?［单选题］*

○100—90（优）

○89—80（良）

○79—70（中）

○69—60（及格）

○60 以下（不及格）

9. 您的《思想道德修养与法律基础》课的考试形式是［单选题］*

○纸质试卷闭卷

○纸质试卷开卷

○课程论文

○计算机无纸化考试

○调查报告

○其他

10. 您认为《思想道德修养与法律基础》课的教材如何？［单选题］*

○很好

○好

○一般

○很无趣，枯燥

○没看过，无从评价

11. 您的《思想道德修养与法律基础》课有没有利用网络信息技术，如慕课、教学辅助 APP 等？［单选题］*

○有

○没有

12. 您的《思想道德修养与法律基础》课教师的职称是［单选题］*

○教授

○副教授

○讲师

○助教

○不清楚

13. 在《思想道德修养与法律基础》课堂上有师生互动吗？［单选题］*

○完全没有

○偶尔有

○有一些

○经常

14. 《思想道德修养与法律基础》课有实践教学吗？［单选题］*

○有

○没有

15. 老师布置课后作业吗？［单选题］*

○完全没有

○偶尔有

○有一些

○经常

16. 您参加课堂活动或讨论吗？［单选题］*

○完全没有

○偶尔有

○有一些

○经常

17. 您在课前预习《思想道德修养与法律基础》教材吗？［单选题］*

○完全没有

○偶尔有

○有时会

○经常

18. 请依据个人真实感受选择［矩阵量表题］*

	完全 不符合	不太 符合	一般 符合	比较 符合	非常 符合
我真心喜爱上《思想道德修养与法律基础》课	○	○	○	○	○
我对《思想道德修养与法律基础》课毫无兴趣	○	○	○	○	○

	完全 不符合	不太 符合	一般 符合	比较 符合	非常 符合
我从《思想道德修养与法律基础》课中体验到收获的快乐	○	○	○	○	○
我从《思想道德修养与法律基础》课中没有得到什么收获	○	○	○	○	○
《思想道德修养与法律基础》课中的收获将影响我的一生	○	○	○	○	○
《思想道德修养与法律基础》课对我没有任何影响和改变	○	○	○	○	○
《思想道德修养与法律基础》课使我增长了思想道德和法律相关知识	○	○	○	○	○
《思想道德修养与法律基础》课的内容已经在中学学过了	○	○	○	○	○
《思想道德修养与法律基础》课使我提高了分辨是非善恶的能力	○	○	○	○	○
《思想道德修养与法律基础》课让我掌握了加强思想道德修养的方法	○	○	○	○	○
《思想道德修养与法律基础》课使我明确了成长目标	○	○	○	○	○
《思想道德修养与法律基础》课教师具有良好的工作态度和能力	○	○	○	○	○
《思想道德修养与法律基础》课教师上课很呆板	○	○	○	○	○
《思想道德修养与法律基础》课教师尊重和关心学生	○	○	○	○	○
《思想道德修养与法律基础》课教师课后很少与学生交流	○	○	○	○	○
《思想道德修养与法律基础》课教师有较强的人格魅力	○	○	○	○	○

二   大学生思想政治理论课调查问卷（纲要）

亲爱的同学，您好！

我们目前正在做关于大学生思想政治理论课教学的研究调查。思想政治理论课（以下简称思想政治理论课）是高校落实立德树人根本任务的主渠道，是帮助大学生树立正确世界观人生观价值观的核心课程。这份问卷的目的在于帮助我们了解大学生对高校开设的思想政治理论课的看法和获得感，为高校思想政治理论课课程建设和改革提供参考。完成这份问卷大概需要 3—5 分钟时间，请您结合自身情况来回答所有问题，谢谢您的支持与配合！

本问卷的内容不涉及任何个人隐私，各项答案均无好坏对错之分，数据仅用于学术研究，所有资料绝对保密，请放心作答！除个别标注外，所有题目均为单选，请在符合实际情况的选项上打"√"。

1. 性别［单选题］*
○男
○女

2. 年级［单选题］*
○大二
○大三
○大四
○研一
○已本科毕业，就业

3. 政治面貌［单选题］*
○中共党员
○共青团员
○其他

4. 专业［单选题］*
○人文社科

○理工农医

○艺术体育

5. 您就读的院校类型 [单选题]*

○985 高校

○211 高校

○一般院校

6. 您对《中国近现代史纲要》课有获得感吗？[单选题]*

○有很强的获得感

○有较强的获得感

○有些获得感

○有点获得感

○没有获得感

7. 您的《中国近现代史纲要》课的课堂规模是多大？[单选题]*

○50 人以下

○51—100 人

○100—150 人

○150 人以上

8. 您的《中国近现代史纲要》课的课程成绩是多少？[单选题]*

○100—90（优）

○89—80（良）

○79—70（中）

○69—60（及格）

○60 以下（不及格）

9. 您的《中国近现代史纲要》课的考试形式是？[单选题]*

○纸质试卷闭卷

○纸质试卷开卷

○课程论文

○计算机无纸化考试

○调查报告

○其他

10. 您认为《中国近现代史纲要》课的教材如何？［单选题］*

○很好

○好

○一般

○很无趣，枯燥

○没看过，无从评价

11. 您的《中国近现代史纲要》课有没有利用网络信息技术，如慕课、教学辅助 APP 等？［单选题］*

○有

○没有

12. 您的《中国近现代史纲要》课教师的职称是［单选题］*

○教授

○副教授

○讲师

○助教

○不清楚

13. 在《中国近现代史纲要》课堂上有师生互动吗？［单选题］*

○完全没有

○偶尔有

○有一些

○经常

14. 《中国近现代史纲要》课有实践教学吗？［单选题］*

○有

○没有

15. 老师布置课后作业吗？［单选题］*

○完全没有

○偶尔有

○有一些

○经常

16. 您参加课堂活动或讨论吗？［单选题］*

○完全没有

○偶尔有

○有一些

○经常

17. 您在课前预习《中国近现代史纲要》教材吗？［单选题］*

○完全没有

○偶尔有

○有时会

○经常

18. 请依据个人真实感受选择［矩阵量表题］*

	完全 不符合	不太 符合	一般 符合	比较 符合	非常 符合
我真心喜爱上《中国近现代史纲要》课	○	○	○	○	○
我对《中国近现代史纲要》课毫无兴趣	○	○	○	○	○
我从《中国近现代史纲要》课中体验到收获的快乐	○	○	○	○	○
我从《中国近现代史纲要》课中没有得到什么收获	○	○	○	○	○
《中国近现代史纲要》课中的收获将影响我的一生	○	○	○	○	○
《中国近现代史纲要》课对我没有任何影响和改变	○	○	○	○	○
《中国近现代史纲要》课使我全面理解了中国近现代史的发展	○	○	○	○	○
《中国近现代史纲要》课的内容在中学学过了	○	○	○	○	○
《中国近现代史纲要》课增强了我的爱国主义情感	○	○	○	○	○
《中国近现代史纲要》课让我真正懂得了历史和人民为什么选择了马克思主义、选择了中国共产党、选择了社会主义道路	○	○	○	○	○

续表

	完全 不符合	不太 符合	一般 符合	比较 符合	非常 符合
《中国近现代史纲要》课使我能够运用科学的历史观和方法论分析和评价历史问题和社会发展方向的能力	○	○	○	○	○
《中国近现代史纲要》课让我更加珍惜现在的和平与幸福	○	○	○	○	○
《中国近现代史纲要》课教师讲课很呆板	○	○	○	○	○
《中国近现代史纲要》课教师具有较高的马克思主义理论素养	○	○	○	○	○
《中国近现代史纲要》课教师具有良好的工作态度和能力	○	○	○	○	○
《中国近现代史纲要》课教师尊重和关心学生	○	○	○	○	○
《中国近现代史纲要》课教师很受学生喜欢	○	○	○	○	○

三 大学生思想政治理论课获得感调查问卷（概论）

亲爱的同学，您好！

我们目前正在做关于大学生思想政治理论课教学的研究调查。思想政治理论课（以下简称思想政治理论课）是高校落实立德树人根本任务的主渠道，是帮助大学生树立正确世界观人生观价值观的核心课程。这份问卷的目的在于帮助我们了解大学生对高校开设的思想政治理论课的看法和获得感，为高校思想政治理论课课程建设和改革提供参考。完成这份问卷大概需要 3—5 分钟时间，请您结合自身情况来回答所有问题，谢谢您的支持与配合！

本问卷的内容不涉及任何个人隐私，各项答案均无好坏对错之分，数据仅用于学术研究，所有资料绝对保密，请放心作答！除个别标注外，所有题目均为单选，请在符合实际情况的选项上打"√"。

1. 性别［单选题］*
○男
○女

2. 年级［单选题］*
○大二
○大三
○大四
○研一
○已本科毕业，就业

3. 政治面貌［单选题］*
○中共党员
○共青团员
○其他

4. 专业［单选题］*

○人文社科

○理工农医

○艺术体育

5. 您就读的院校类型［单选题］*

○985 高校

○211 高校

○一般院校

6. 您对《毛泽东思想和中国特色社会主义理论体系概论》课有获得感吗？［单选题］*

○有很强的获得感

○有较强的获得感

○有些获得感

○有点获得感

○没有获得感

7. 您的《毛泽东思想和中国特色社会主义理论体系概论》课的课堂规模是多大？［单选题］*

○50 人以下

○51—100 人

○100—150 人

○150 人以上

8. 您的《毛泽东思想和中国特色社会主义理论体系概论》课的课程成绩是多少？［单选题］*

○100—90（优）

○89—80（良）

○79—70（中）

○69—60（及格）

○60 以下（不及格）

9. 您的《毛泽东思想和中国特色社会主义理论体系概论》课的考试形式是？［单选题］*

○纸质试卷闭卷

○纸质试卷开卷

○课程论文

○计算机无纸化考试

○调查报告

○其他

10. 您认为《毛泽东思想和中国特色社会主义理论体系概论》课的教材如何?［单选题］*

○很好

○好

○一般

○很无趣，枯燥

○没看过，无从评价

11. 您的《毛泽东思想和中国特色社会主义理论体系概论》课有没有利用网络信息技术，如慕课、教学辅助 APP 等?［单选题］*

○有

○没有

12. 您的《毛泽东思想和中国特色社会主义理论体系概论》课教师的职称是［单选题］*

○教授

○副教授

○讲师

○助教

○不清楚

13. 在《毛泽东思想和中国特色社会主义理论体系概论》课堂上有师生互动吗?［单选题］*

○完全没有

○偶尔有

○有一些

○经常

14. 《毛泽东思想和中国特色社会主义理论体系概论》课有实践

教学吗？［单选题］*

　　○有

　　○没有

　　15. 老师布置课后作业吗？［单选题］*

　　○完全没有

　　○偶尔有

　　○有一些

　　○经常

　　16. 您参加课堂活动或讨论吗？［单选题］*

　　○完全没有

　　○偶尔有

　　○有一些

　　○经常

　　17. 您在课前预习《毛泽东思想和中国特色社会主义理论体系概论》教材吗？［单选题］*

　　○完全没有

　　○偶尔有

　　○有时会

　　○经常

　　18. 请依据个人真实感受选择 ［矩阵量表题］*

	完全 不符合	不太 符合	一般 符合	比较 符合	非常 符合
我真心喜爱上《毛泽东思想和中国特色社会主义理论体系概论》课	○	○	○	○	○
我对《毛泽东思想和中国特色社会主义理论体系概论》课毫无兴趣	○	○	○	○	○
我从《毛泽东思想和中国特色社会主义理论体系概论》课中体验到收获的快乐	○	○	○	○	○
我从《毛泽东思想和中国特色社会主义理论体系概论》课中没有得到什么收获	○	○	○	○	○

续表

	完全 不符合	不太 符合	一般 符合	比较 符合	非常 符合
《毛泽东思想和中国特色社会主义理论体系概论》课中的收获将影响我的一生	○	○	○	○	○
《毛泽东思想和中国特色社会主义理论体系概论》课对我没有任何影响和改变	○	○	○	○	○
《毛泽东思想和中国特色社会主义理论体系概论》课使我深刻理解马克思主义中国化的理论成果	○	○	○	○	○
《毛泽东思想和中国特色社会主义理论体系概论》课培养了我独立思考、勇于创新的能力	○	○	○	○	○
《毛泽东思想和中国特色社会主义理论体系概论》课使我坚定了社会主义"四个自信"	○	○	○	○	○
《毛泽东思想和中国特色社会主义理论体系概论》课使我学会用马克思主义立场观点方法分析现实问题	○	○	○	○	○
《毛泽东思想和中国特色社会主义理论体系概论》课使我更加关注社会民生	○	○	○	○	○
《毛泽东思想和中国特色社会主义理论体系概论》课教师具有较高的马克思主义理论素养	○	○	○	○	○
《毛泽东思想和中国特色社会主义理论体系概论》课教师讲课就是照本宣科	○	○	○	○	○
《毛泽东思想和中国特色社会主义理论体系概论》课教师具有良好的工作态度和能力	○	○	○	○	○
《毛泽东思想和中国特色社会主义理论体系概论》课教师尊重和关心学生	○	○	○	○	○
《毛泽东思想和中国特色社会主义理论体系概论》课教师很受同学们喜爱	○	○	○	○	○

四　大学生思想政治理论课调查问卷（原理）

亲爱的同学，您好！

我们目前正在做关于大学生思想政治理论课教学的研究调查。思想政治理论课（以下简称思想政治理论课）是高校落实立德树人根本任务的主渠道，是帮助大学生树立正确世界观人生观价值观的核心课程。这份问卷的目的在于帮助我们了解大学生对高校开设的思想政治理论课的看法和获得感，为高校思想政治理论课课程建设和改革提供参考。完成这份问卷大概需要 3—5 分钟时间，请您结合自身情况来回答所有问题，谢谢您的支持与配合！

本问卷的内容不涉及任何个人隐私，各项答案均无好坏对错之分，数据仅用于学术研究，所有资料绝对保密，请放心作答！除个别标注外，所有题目均为单选，请在符合实际情况的选项上打"√"。

1. 性别［单选题］*

○男

○女

2. 年级［单选题］*

○大二

○大三

○大四

○研一

○已本科毕业，就业

3. 政治面貌［单选题］*

○中共党员

○共青团员

○其他

4. 专业［单选题］*

○人文社科

○理工农医

○艺术体育

5. 您就读院校的类型［单选题］*

○985 高校

○211 高校

○一般院校

6. 您对《马克思主义基本原理概论》课有获得感吗？［单选题］*

○有很强的获得感

○有较强的获得感

○有些获得感

○有点获得感

○没有获得感

7. 您的《马克思主义基本原理概论》课的课堂规模是多大？［单选题］*

○50 人以下

○51—100 人

○100—150 人

○150 人以上

8. 您的《马克思主义基本原理概论》课的课程成绩是多少？［单选题］*

○100—90（优）

○89—80（良）

○79—70（中）

○69—60（及格）

○60 以下（不及格）

9. 您的《马克思主义基本原理概论》课的考试形式是？［单选题］*

○纸质试卷闭卷

○纸质试卷开卷

○课程论文

○计算机无纸化考试

○调查报告

○其他

10. 您认为《马克思主义基本原理概论》课的教材如何？[单选题]*

○很好

○好

○一般

○很无趣，枯燥

○没看过，无从评价

11. 您的《马克思主义基本原理概论》课有没有利用网络信息技术，如慕课、教学辅助 APP 等？[单选题]*

○有

○没有

12. 您的《马克思主义基本原理概论》课教师的职称是[单选题]*

○教授

○副教授

○讲师

○助教

○不清楚

13. 在《马克思主义基本原理概论》课堂上有师生互动吗？[单选题]*

○完全没有

○偶尔有

○有一些

○经常

14.《马克思主义基本原理概论》课有实践教学吗？[单选题]*

○有

○没有

15. 老师布置课后作业吗？［单选题］*

○完全没有

○偶尔有

○有一些

○经常

16. 您参加课堂活动或讨论吗？［单选题］*

○完全没有

○偶尔有

○有一些

○经常

17. 您在课前预习《马克思主义基本原理概论》教材吗？［单选题］*

○完全没有

○偶尔有

○有时会

○经常

18. 请依据个人真实感受选择［矩阵量表题］*

	完全 不符合	不太 符合	一般 符合	比较 符合	非常 符合
我真心喜爱上《马克思主义基本原理概论》课	○	○	○	○	○
我对《马克思主义基本原理概论》课毫无兴趣	○	○	○	○	○
我从《马克思主义基本原理概论》课中体验到收获的快乐	○	○	○	○	○
我从《马克思主义基本原理概论》课中没有得到什么收获	○	○	○	○	○
《马克思主义基本原理概论》课中的收获将影响我的一生	○	○	○	○	○
《马克思主义基本原理概论》课对我没有任何影响和改变	○	○	○	○	○

续表

	完全 不符合	不太 符合	一般 符合	比较 符合	非常 符合
《马克思主义基本原理概论》课使我全面学习了马克思主义基本理论	○	○	○	○	○
《马克思主义基本原理概论》课使我学会了辩证唯物主义和历史唯物主义的方法	○	○	○	○	○
《马克思主义基本原理概论》课使我树立正确的世界观、人生观和价值观	○	○	○	○	○
《马克思主义基本原理概论》课使我学会运用马克思主义理论、方法认识和分析各种社会实际问题	○	○	○	○	○
《马克思主义基本原理概论》课教师具有坚定的马克思主义信仰	○	○	○	○	○
《马克思主义基本原理概论》课教师具有较高的马克思主义理论素养	○	○	○	○	○
《马克思主义基本原理概论》课教师具有良好的工作态度和能力	○	○	○	○	○
《马克思主义基本原理概论》课教师上课照本宣科	○	○	○	○	○
《马克思主义基本原理概论》课教师尊重和关心学生	○	○	○	○	○
《马克思主义基本原理概论》课教师有较强的人格魅力	○	○	○	○	○